高等职业教育公共基础课系列教材

应用文写作

主　编　傅瑞敏
副主编　卞秋华　潘丽平　徐继伟
参　编（以姓氏笔画为序）
　　　　王泽江　王　萃　杨红芳　杨桂英
　　　　范　愍　赵二勇　胡瑞燕　董燕秋
主　审　梁　杰

机械工业出版社

本书共分七个单元，分别是日常文书、职场文书、事务文书、经济文书、行政文书、司法文书和毕业论文。每个单元后面配有相关链接，既丰富了教学内容，又增加了可读性。

在体例编排上，每个教学小节由五个模块构成，每个模块既相对独立又环环相扣。通过"考考你"导入新课学习，借助"文体知识"厘清概念、种类、特点等理论要点，结合"例文评析"具体学习、直观感知，依托"写作指导"了解内容结构、熟悉写作要领，利用"技能训练"夯实理论基础、培养实践能力。

本书适用于高职高专层次各类院校，也适用于部分应用型本科院校。

为了方便教学，本书配备电子课件等教学资源。凡选用本书作为教材的教师均可登录机械工业出版社教育服务网 www.cmpedu.com 下载，或发送电子邮件至 cmpgaozhi@sima.com 索取。咨询电话：010-88379375。

图书在版编目（CIP）数据

应用文写作/傅瑞敏主编. —北京：机械工业出版社，2018.8（2023.7 重印）

高等职业教育公共基础课系列教材

ISBN 978-7-111-60447-1

Ⅰ.①应… Ⅱ.①傅… Ⅲ.①汉语-应用文-写作-高等职业教育-教材
Ⅳ.①H152.3

中国版本图书馆 CIP 数据核字（2020）第 079604 号

机械工业出版社（北京市百万庄大街 22 号　邮政编码 100037）
策划编辑：王玉鑫　　　　　责任编辑：王玉鑫
责任校对：李　伟　潘　蕊　　封面设计：张　静
责任印制：李　昂
北京捷迅佳彩印刷有限公司印刷
2023 年 7 月第 1 版·第 6 次印刷
184mm×260mm·11.25 印张·282 千字
标准书号：ISBN 978-7-111-60447-1
定价：34.00 元

电话服务	网络服务
客服电话：010-88361066	机　工　官　网：www.cmpbook.com
010-88379833	机　工　官　博：weibo.com/cmp1952
010-68326294	金　书　网：www.golden-book.com
封底无防伪标均为盗版	机工教育服务网：www.cmpedu.com

前　言

2014年6月,《国务院关于加快发展现代职业教育的决定》发布,全面部署加快发展现代职业教育,明确了当前和今后一个时期加快发展现代职业教育的指导思想、目标任务和政策措施等。其中,职业教育人才培养目标也由技能型人才转化为技术技能人才。本书正是基于这样的职业教育大背景和人才培养目标而精心编写的。

时代在发展,应用文的社会需求性、个人需求性也随之发生变化。本书在力求贯彻高职人才培养目标的基础上,充分体现实用性、创新性和时代性的特色。

本书在应用文种类选择上,不求面面俱到,而是根据高职学生学习、求职、工作等实际需求,有的放矢地进行选择。在体例编排上,符合学生的认知规律、学习规律,每一节均按照考考你、文体知识、例文评析、写作指导、技能训练五个模块篇写。如此,一是方便教师教学,教师容易教,教得轻松;二是利于学生学习,学生容易学,学得明白。例文选择以"时代特色""正面导向"为宗旨,以"贴近生活""便于学习"为原则,以"典型针对性""实践指导性"为方向。一言以蔽之,本书的终极目标即是"学以致用",学生学了,有用、会用、能写、会写。

本书由北京农业职业学院的傅瑞敏、卞秋华等11人及北京市经贸高级技术学校的王泽江共同编写,由北京农业职业学院的梁杰主审。具体编写分工如下:第一单元的第一节、第六单元的第一、二节及第一~四、六、七单元的相关链接由傅瑞敏编写;第一单元的第二、六节由杨桂英编写;第一单元的第三~五节由董燕秋编写;第二单元的第一、二节由徐继伟编写;第二单元的第三、四节由王萃编写;第三单元的第一、二节,第五单元的第一节及相关链接由范懋编写;第三单元的第三节及第七单元的第一、二节由潘丽平编写;第三单元的第四、五节由胡瑞燕编写;第四单元的第一~三节由王泽江编写;第四单元的第四节、第五单元的第六节及附录由赵二勇编写;第五单元的第二、五节由卞秋华编写;第五单元的第三、四节由杨红芳编写。

由于时间仓促,加之作者水平有限,书中难免有不足之处,恳请广大专家、教师和读者提出宝贵意见,以便修订和完善。

编　者

2019年4月

前言

第一单元 日常文书 ············ 1
 第一节 条据 ············ 1
 第二节 启事 ············ 7
 第三节 声明 ············ 13
 第四节 感谢信 ············ 16
 第五节 慰问信 ············ 20
 第六节 申请书 ············ 25
 相关链接 ············ 30

第二单元 职场文书 ············ 33
 第一节 求职信 ············ 33
 第二节 个人简历 ············ 38
 第三节 述职报告 ············ 43
 第四节 电子邮件 ············ 47
 相关链接 ············ 51

第三单元 事务文书 ············ 54
 第一节 计划 ············ 54
 第二节 总结 ············ 58
 第三节 简报 ············ 63
 第四节 介绍信 ············ 68
 第五节 证明信 ············ 71
 相关链接 ············ 74

第四单元 经济文书 ············ 78
 第一节 意向书 ············ 78
 第二节 合同 ············ 81
 第三节 市场调查报告 ············ 86
 第四节 招标书 投标书 ············ 91
 相关链接 ············ 98

第五单元　行政文书 ·· 102
　　第一节　公文文体概述 ·· 102
　　第二节　通知 ·· 107
　　第三节　通报 ·· 114
　　第四节　报告 ·· 119
　　第五节　请示 ·· 124
　　第六节　函 ·· 129
　　相关链接 ·· 133

第六单元　司法文书 ·· 137
　　第一节　委托书 ·· 137
　　第二节　遗嘱 ·· 142
　　相关链接 ·· 147

第七单元　毕业论文 ·· 150
　　第一节　毕业论文写作 ·· 150
　　第二节　毕业论文答辩 ·· 156
　　相关链接 ·· 159

附　录 ·· 161
　　附录A　对联 ·· 161
　　附录B　演讲稿 ·· 168

参考文献 ·· 173

第一单元　日常文书

第一节　条据

条据是日常生活中最常见而又最简单的应用文。篇幅虽短小，作用却很大，且使用范围广。写作时，应谨慎细心，切忌写错人名、地点、时间、数字等，以免带来不必要的麻烦。

【考考你】

1. 李某向赵某借钱，却以一张收条"今收到赵某陆仟元"作为借款凭证。结果双方发生纠纷时，李某称，为赵某打收条是因赵某欠其6000元钱款，由于赵某给他写的借据丢失，因此他才为赵某写了收条。

你认为赵某的6000元钱款能要回来吗？为什么？

2. 学生张某向班主任请假，假条上这样写道："因病请假两天，请批准。谢谢！"你认为该内容合乎请假条的写作要求吗？为什么？

【文体知识】

一、概念

人们在日常工作和生活中，常常为办理涉及钱财和物品的各种手续或者为说明某种情况和理由而留下字据，这种作为依据的字条就称为条据。

二、种类

根据条据的内容和性质，通常可以分为凭证性条据和说明性条据两大类。

1. **凭证性条据**　凭证性条据是为证明某一事实而出具的条据。例如，借钱还物、收受物品时，需要用书面文字写出依据，并交由接收者作为一种凭据加以保存。

根据使用情况，凭证性条据可以分为借条、收条和欠条等。

（1）**借条**　借条又称借据，是指在借到个人或集体的钱物时，由借进方写给借出方的条据。借条由借出方保留，钱物归还后，由立据者（即借进方）收回或当场销毁。

（2）收条　收条是指收到对方钱物后，写给对方作为凭证的字据。收条有别于单位使用的正式收据。单位使用的正式收据一般为二联单或三联单，第一联为存根，第二联或第三联加盖公章后交付对方，作为凭据。

（3）欠条　欠条是指个人或单位在欠钱物时写给个人或有关单位的凭证性条据。欠条也是在日常生活中常见的，为证明一方欠另一方钱物而立下的字据。

2. 说明性条据　说明性条据通常指用来传递信息、说明原委的条据，其作用是向他人解释、说明某一事项，或向他人发出请求。

根据使用情况，说明性条据可以分为请假条、留言条和托事条等。请假条在学生对校方、职工对单位请假时使用；留言条、托事条一般在私人交往中使用。

（1）请假条　请假条是指因病、因事而不能上课、上班，或不能参加某项活动而写的，用以说明缺席原委的条据。请假条一定要明确请假时间，例如"周一上午半天"或"本月10日至13日共4天"等。

（2）留言条　留言条是指日常交往中拜访他人时由于各种原因未得相见，或因事外出不能久候他人而先行离去所写的条据。它主要是向对方说明事由，或交代需办理的事项。在手机普及、网络发达的今天，留言条用得较少，人们更习惯用短信或微信联系。

（3）托事条　因有事需要委托别人帮助办理而写的条据叫托事条。

三、特点

1. 写作简便，阅读方便　由于条据只需将事项陈述清楚或写明要求，因此篇幅简短，方便写作，也有助于阅读。

2. 实用性强，使用范围广　无论是学生向学校、员工向单位请假，还是个人之间、个人向单位借款，或者是个人与单位、单位之间物品交接等情况，都需要用到条据。

【例文评析】

例文一

今 借 到

刘某人民币贰万柒仟元整（￥27000），半年之内如数还清。

此据

借款人　李某
2019 年 5 月 10 日

> **评析：**这是一则以"今借到"作为标题的借条条据。以"今借到"作为标题的借条，正文务必顶格书写。借款数额除了用阿拉伯数字写明，还在括号里附上汉字大写数字；人民币单位"元"后面加"整"字；约定归还日期；落款处署名、日期齐全。

例文二

今 借 到

××职业学院财务处人民币肆仟陆佰元整（￥4600），用于赴沪参加学术研讨会的费用。

会议结束返校后一周内，如数归还。
　　此据

借款人　江某某
2019 年 3 月 6 日

> **评析**：这是一则以"今借到"作为标题的借条条据。由于是个人向单位借款，因此需说明借款用途。写上习惯用语"此据"，使得内容完整。落款时间处的"年""月""日"三个汉字应齐全。

例文三

今 收 到

　　××商城送到的 JBL Pebbles mini 音乐蜗牛计算机小音箱拾台、十度无线扩音器陆个、晨光多功能多层大笔袋拾个，经检查，质量合格。
　　此据

经手人　路某（盖章）
2019 年 1 月 8 日

> **评析**：这是一则写作规范的收条条据。条据事项写明了收到谁送到的、何种牌子的何种物品，且用汉字大写数字写明每种物品的具体数量。"经手人"一词表明是替单位收货，因此需要加盖公章。

例文四

欠 条

　　暂欠徐某某苹果货款伍仟元整（￥5000），于本月底一次性现金付清。
　　此据

欠款人　田某某
2019 年 2 月 7 日

> **评析**：这是一则欠条条据。应写明欠款事项，即交代清楚欠谁的、什么款项、多少钱。同时，要约定付款日期及付款方式。

例文五

请假条

王科长：
　　我久居台湾的舅舅将于明天下午 2 点乘机抵达北京，因他人生地不熟，须我去机场接人。特此请假半天，请予批准。
　　此致
敬礼

公司员工　陈某
2019 年 6 月 20 日

评析： 这是一则事假请假条。内容齐全，结构完整，包括标题、称谓、正文、致敬语和落款五部分。语言简洁，请假理由合情合理。

例文六

请 假 条

任老师：

  我今天早晨腹泻不止，校医诊断为急性肠炎，建议在宿舍休息。特此请假一天，请予批准。

  此致

敬礼

  附：校医诊断证明1份

学生 李某某
2019 年 6 月 20 日

评析： 这是一则结构完整、格式标准的病假请假条。正文部分请假理由充分，请假天数明确，请假态度鲜明，致敬语格式正确。因是病假条，要附上医生的诊断证明作为依据。落款署名处的"学生"一词表明了请假人的身份。

例文七

留 言 条

孟秘书：

  我去公司总部开会了，大约下午3点回来，如万盛公司送货过来，你验收一下。

赵某某
5 日上午 8 点

评析： 这是一则留言条，充分体现了条据"写作简便，阅读方便"的特点。说明性条据应清楚明了地交代事情原委，落款日期处可省略年、月。

例文八

托 事 条

小海：

  你好！麻烦你给我买两条桑蚕丝被子：1.8米×2.1米，3斤桑蚕丝，纯棉粉色被套；2.0米×2.3米，4斤桑蚕丝，纯棉白色被套。谢谢！

  被子钱款多少？我微信转账给你。

阿梅
2019 年 4 月 7 日

> **评析：** 这是一则托事条。条据正文明确交代了托付对方办理的事项及要求：购买两条桑蚕丝被子，并说明被子的规格和重量，以及被套的质地和颜色。条据中使用"你好""谢谢"两个表达敬意的词语，表达了对对方的问候、感谢之情。

【写作指导】

一、凭证性条据

借条、收条和欠条等均属于凭证性条据，在内容结构上相同，都是由标题、正文和落款三部分组成。

1. 标题　标题写在顶部居中处，与正文之间不要留有空行，避免持有者在空隙处添加内容。根据凭证性条据的不同分类写明条据的标题，如"今借到（借条）"和"今收到（收条）"等。

2. 正文　以"今借到""今收到"为标题的条据，正文一般以被借到或被收到一方的单位或个人姓名为开头，其余则多以"今借到""今收到""今欠"等开头。条据的正文部分要求写明具体事项，如借到谁的、收到谁的、欠谁的多少钱物，以及确切数额（凭证性条据涉及的钱物数额须用汉字大写数字），正文结束后写上"此据"二字。特别强调，借条须约定归还日期。

3. 落款　落款写于正文右下方，包括署名和日期两行内容。第一行写借款或借物人、收款人或领用人的姓名，必要时加盖个人印章或按手印；第二行写明年、月、日。

◆ 特别提示 ◆

1. 凭证性条据涉及钱款物品数目时要用汉字大写数字，即零、壹、贰、叁、肆、伍、陆、柒、捌、玖、拾、佰、仟、万、亿。"元""角"等字后面加"整"字。

2. 凭证性条据需要保留较长时间，要用钢笔或签字笔书写，不要使用铅笔或圆珠笔书写，以防时间久了字迹模糊，也防止被涂改。

3. 凭证性条据在书写时，如果不小心把数目写错，改正后必须加盖印章，证明曾经修改过。

4. 凭证性条据要以"此据"作为正文的结尾，避免持有者在正文末尾添加内容。

5. 凭证性条据在写作时应谨慎细心，切忌写错人名、时间、钱物数目等。

二、说明性条据

请假条、留言条和托事条等均属于说明性条据。留言条、托事条在内容结构上相同，都是由标题、称谓、正文、落款四部分组成；请假条则由标题、称谓、正文、致敬语、落款五部分组成。

1. 标题　标题在第一行居中书写。根据说明性条据的不同种类写明条据的标题，如"请假条""留言条""托事条"等。

2. 称谓　称谓在第二行顶格写。要求写出姓氏加职务名称，如"范老师""崔主任"

等，后加冒号。切忌称谓笼统化，如"老师""经理"等。

  3. **正文** 正文在称谓的下一行空两格写。条据的正文部分要求写明具体事项，如请假条须交代请假理由、明确请假天数、表明请假态度等；留言条须交代留言缘由或需要对方知晓的事项等；托事条须写明托付对方办理事项的具体要求等。

  4. **致敬语** 请假条有致敬语这一项内容（留言条、托事条没有此项内容）。"此致""敬礼"写在正文之下，"此致"前空两格，"敬礼"另起一行顶格写。

  5. **落款** 请假条的落款写在致敬语的右下方，留言条、托事条的落款则写在正文右下方。落款包括署名、日期，上一行署名，下一行写日期。

◉ **特别提示** ◉

  1. 请假条使用的致敬语是固定的，即"此致""敬礼"，不宜使用其他致敬语。

  2. 请假条署名时除写上姓名，最好写出表明身份的词，如"学生""公司员工"等。

  3. 托事条虽然没有使用致敬语，但在正文中可以使用"您好""谢谢"之类的表示敬意的词语。

【技能训练】

一、病文修改

★ 阅读下面三则条据，指出其中的错误，并加以改正。

1.
请 假 条

老师，您好：

  因为明天曾祖父过九十大寿，全家一起庆祝，特地请假一天，望准。谢谢！

迟 杰
2019.3.23

2.
今 借 到

  学院财务处人民币一万二仟元，两个月后归还。

陈晓军
8月4日

3.
托 事 条

阿芳：

  麻烦你给我寄几盒苏州豆腐干，至于什么口味，你看着买。

  此致

敬礼

悦 悦
6月11日

二、写作实践

★ 阅读下面三则材料，根据要求写作。

1. 张雪同学早晨起床，感到头痛欲裂，浑身酸软，咳嗽不止，校医务室大夫诊断其为重症感冒，并建议其休息一天。请以张雪同学的名义拟一则请假条。

2. ××机电学院实习工厂收到××有限公司送来的外圆车刀10把，200mm卡尺50把，直径5mm的钻头10支，所有物品由库房管理员赵小勇签收。请你以赵小勇的名义拟一则收条。

3. 侯武娟欲购买一套商品房，房款总额为600万元，她手头有550万元，还差50万元。侯武娟决定向好朋友郑芮敏借款50万元，约定年利息为5.0%、三年之内一次性还清，不足一年的按实际天数结算。请以侯武娟的名义拟一则借条。

第二节 | 启事

启事是人们日常生活、工作中常见的一个应用文种。启事类别多样，使用广泛。有些启事具有广告性质，可以代替广告使用，但广告不能完全代替启事使用，如"寻人启事"，不能写成"寻人广告"。

【考考你】

其闹市区有一家刚开业的胶水店，几天过去后，不见有顾客光顾。为此，老板很是苦恼。于是，老板在商店橱窗里贴了一则活动启事。大致内容是：本店将举行活动，活动当天，老板将在现场用店里的胶水将特制的金币粘在墙上，如果有人能将墙上的金币取下来，那么金币就属于那个人了。启事张贴出来后很是轰动。活动当天，就连记者都来采访了。最后没人能将金币取下来，但从那以后，这家胶水店生意火爆。这则故事说明了什么？

【文体知识】

一、概念

机关、团体或个人需要公开说明某一信息或请求予以支持并希望协助办理某一事情的应用文体叫启事。

二、种类

启事的写作主体主要是个人，少部分是单位。在个人使用时，它的应用范围十分宽泛，凡需公之于众的事项，都适用于"启事"；在单位使用时，启事的使用范围要狭小得多，因为公务性、管理性较强的事务要告知公众，另有专门对应的文种，如通告、公告、通知等。

根据写作目的的分类，启事可分为多种类型，其中主要类型如下：

1. 寻找类 目的是寻找遗失的物品或走失的亲人的启事，如寻物启事、寻人启事等。寻物启事一般张贴在可能丢（走）失的地点附近。

2. 招领类　因发现他人遗失的物品或发现他人走失的亲人而写的启事。写启事的目的是希望物归原主或走失人回到亲人身边。

3. 征招类　目的是征收到某种物品或征招到某种人员的启事，如征文启事、征订启事、招聘启事、招生启事和征婚启事等。

4. 聚会类　目的是邀请亲友、校友、会友等社会同仁聚集到一起共同举行某种活动的启事，如校庆启事、厂庆启事、婚礼启事和祝寿启事等。

5. 告知类　厂家、店铺、机关团体的办公地址或者个人住址变更时，如认为有必要向社会公开告知，常采用启事的方式，如开业启事、迁址启事和企业更名启事等；对已公布出的事项做某些文字或表述上的更正，也可使用启事。

6. 陈情类　陈情类启事有道歉启事、鸣谢启事和祝贺启事等。用陈情类启事公开道歉更为郑重其事，用陈情类启事公开道谢更为情深意切，用陈情类启事公开祝贺更为热烈隆重，后二者也兼有表彰、宣传之意。

7. 海报类　海报类启事，多用于宣传娱乐性活动，如电影、演讲、球赛、联欢会、舞会等。它的特点是具有娱乐性、自愿性、集体性和艺术性，一般都以张贴的形式发布。

在上述 7 类启事中，前四类为请求协作型启事，即写启事的目的是希望得到别人的帮助和配合，这类启事的事务性、实用性很强；后三类为声明知照型启事，即写启事的目的仅是让别人知晓某件事或某种心意，不需要别人采取相应的行动，这类启事多带有公关宣传的性质。

三、特点

1. 求助性　请求协助办理有关事宜是启事的目的之一。启事在把事实情况向公众说明的基础上，请求公众给予协助、配合。但是启事不具有强制性和约束力，对于启事中提出的请求，公众可以协助办理，也可以不予理睬。

2. 公开性、知照性　启事一般通过电视、报刊、网络、电台和信函等途径广泛传播。

【例文评析】

例文一

寻 物 启 事

今天上午十一点左右，我在中关村图书大厦查阅资料。由于走时匆忙，不慎将黑色手提包遗失，内装棕色钱包一个（内有人民币数百元），工作证一个，新书一本。如有拾到者，请与本人联系，深表谢意！联系电话：139××××××××。

××研究所　李××
2019 年 1 月 16 日

评析：此则寻物启事要素齐全、格式规范、态度诚恳。失主在正文中交代清楚遗失物品的具体时间、地点及丢失原因，点明遗失物品"手提包"的外部特征为"黑色"，又详细介绍内装物品，并留下了联系电话。"深表谢意"既措辞得体，又表达了感谢之情。

例文二

招领启事

　　本商场昨天中午拾到一个皮包,内有数百元人民币、手机、信用卡等物,请失主携带证件速来认领。

　　地点:本市××商场三楼办公室

　　电话:×××××××

××商场办公室(章)
2019 年 3 月 4 日

> **评析:** 此则招领启事文字精练,格式规范,点明了拾到物品的名称和时间。与寻物启事不同,招领启事不需要写明拾到物品的外部特征、内部确切的所有物和具体数目,以防冒领。启事中要求认领者携带证件,更是考虑周全。

例文三

通达书屋开业启事

　　本书屋装修已毕,定于本月 20 日上午 8 时正式开业接待读者。本书屋规模虽小,但存书丰富,中外文学名著、最新科技图书、各类工具书、大中小学学生用书及相关资料一应俱全。为庆贺开业,一周内所有书籍 8 折优惠读者。欢迎光临!

　　营业时间:8:00—21:00

　　书屋地点:回龙路 16 号

2019 年 3 月 15 日

> **评析:** 此则开业启事语言精练,条理清晰。标题的写法是:单位+事由+文种。正文写明开业时间、经营范围和项目、营业时间和地点。启事单位名称已在标题中出现,故落款省略,只写了发文时间。

例文四

招聘兼课教师的启事

　　××职业学院是一所国家示范性高等职业院校,今年学院正式开展高端技术技能人才七年贯通培养试验项目。该项目采用"2+3+2"的七年贯通培养模式,即基础教育阶段 2 年,高等职业教育阶段 3 年,本科教育阶段 2 年。根据学院发展和教学需要,为充分利用和共享社会优秀人才资源,进一步优化师资队伍结构,提高师资队伍建设水平和办学效益,现面向社会公开招聘基础教育阶段高中兼课教师 30 名。

　　一、招聘岗位及数量

　　语文教师 3 人,数学教师 4 人,物理教师 4 人,化学教师 3 人,历史教师 2 人,地理教师 2 人,政治(思想品德)教师 2 人,生物教师 3 人,音乐教师 1 人,美术教师 1 人,物理实验员 2 人,化学实验员 2 人,生物实验员 1 人。

二、应聘条件

1. 具有中华人民共和国国籍，拥护中华人民共和国宪法。热爱职业教育事业，具有良好的社会公德和职业道德。

2. 一般为其他高级中学在职教师或具有高级中学教学经历的专业技术人员，具有大学本科以上学历，并具有所授课程的教育背景和相关授课经历。

3. 年龄一般不超过60岁，身体健康，能够用普通话进行课堂教学。

三、薪酬待遇

按规定签订聘用合同，执行国家和北京市政策规定的事业单位工作人员工资及福利待遇标准，薪酬待遇高于高中学校教师收入水平。

四、报名方式

应聘者请将个人简历（贴近期2寸免冠照片）、资格证书、职称证书、教育及工作经历等材料扫描件（打包压缩）发送至：rscsz@bvca.edu.cn，邮件主题为"岗位名称+姓名"。审查合格者将书面通知面试的具体时间，材料恕不退还。

五、联系方式

联系人：吕老师 ×××8899 转659

通讯地址：北京市××区××镇稻田南里×号××职业学院组织人事处

邮　　编：102442

××职业学院（章）

2019年7月6日

> **评析**：这是一则招聘启事。正文首先介绍了该学院的七年贯通培养模式和招聘目的。接着以条文式介绍了招聘岗位及数量、应聘条件、薪酬待遇、报名方式及联系方式等。最后落款注明了招聘单位名称、成文日期并加盖公章。全文条理清楚，简练得体，准确周全。

例文五

庆祝《北京××职业学院学报》创刊30周年征文启事

《北京××职业学院学报》由中共北京市委××工作委员会主管，北京××职业学院主办。《北京××职业学院学报》于1987年创刊，在各级领导的关怀和重视下，在学报同仁的共同努力下，先后被评为北京市一级期刊、全国优秀社科学报、全国高职成高十佳学报等；2008年、2012年、2016年连续3次被评为全国高职成高学报核心期刊，2015年、2017年连续两次进入RCCSE中国高职高专成高类核心期刊目录。

为纪念学报创刊30周年，本刊决定自即日起至2017年10月25日止，向广大读者、作者开展"庆祝《北京××职业学院学报》创刊30周年征文"活动，征文主题为："我与《北京××职业学院学报》……"，文章字数3000字以上，并撰写摘要、关键词、作者简介（姓名、出生年月、性别、民族、籍贯、职务、职称、学历、学位、研究方向）等信息。为便于发放稿费，请提供本人身份证号、工商银行储蓄卡号，非本市作者请提供开户行名称（具体到支行）以及支行行号（12位数字）。论文类投稿请提供参考文献。来稿请注明"庆祝创刊30周年征文"字样。

本刊在线投稿系统网址：http://××××××.ijournals.cn

投稿信箱：editor×××@aliyun.com
编辑部电话：010-8259××××

《北京××职业学报》编辑部（章）
2017年9月18日

> **评析**：这是一则征文启事。正文首先介绍了学报的主管和主办部门以及学报30年来取得的成绩。其次说明了征文目的：庆祝学报创刊30周年；明确了征文主题为"我与《北京××职业学院学报》……"。接着阐明征文撰写要求及稿费发放等事宜。最后说明投稿注意事项。总体来讲这是一则合乎规范的征稿启事，条理清楚，事项完备，语言简洁。

【写作指导】

尽管启事种类繁多，但其结构格式大体相同，通常由标题、正文、落款三部分组成。

1. **标题**　标题写于首行正中，字体醒目。一般标明启事内容，即事由+文种，如"寻物启事""迁址启事"等。还可以在启事前加上发出单位的名称和具体内容，如"××公司启事""××学院招聘教授启事"等。如果只写"启事"二字作为标题，并不妥当，因为别人从题目中得到的信息太少，不太会对此关注。

2. **正文**　标题下一行空两格开始写正文。正文内容要求写清楚启事的缘由、启事的事项、启事的期望等。不同的启事，其正文的写作要求有所不同，要根据启事的不同类型决定内容的侧重和详略。如果内容较多，可分项逐一写明，关键细节应写清楚。

（1）寻物启事的正文
①失物人何时、何地丢失何物。②丢失钱款数额可写约数，如"人民币1万余元""近万元"等；丢失物品要写明特征，如"黑色手提包"。③注意使用习惯用语，如"不慎"等词，敬语如"深表谢意"等；如果丢失的钱款数额巨大或物品极为昂贵，失主对拾到者须用"重礼相谢"来表示感激之意。④写清联系人和联系方式。

（2）招领启事的正文
①在何时、何地拾到何物。②拾到的钱物，不要写确切数额，如例文二中的皮包不写质地与颜色，钱款只写"数百元"。③写清领取地址、联系方式和联系人。

（3）招聘启事的正文
①要写出招聘的原因、目的或意义，如例文四的第一段写的是招聘高中兼课教师的原因。②写明招聘的要求、条件，一般包括学历、学位、性别、年龄、工作经历及经验、户口所在地、居住地以及招聘的名额等。③写明招聘单位需要验看的有关证件，如例文四中所写到的各类证书等。④写明招聘的时间、地点、联系方式和联系人等信息。

（4）征文启事的正文
①写明征文的原因、目的或意义。②写明征文的主题或思想，以及征文体裁。③写明投稿遵循的要求，如格式要求、字数限制、投稿方法和付酬方法等。④写明征文起止日期、投送地点、联系方式和联系人等信息。⑤写明设奖等级和名次。一般这类征文启事还要注明未入选稿件处置办法，以免事后引发争议。

3. **落款**　落款应写明启事单位名称或个人姓名，以及启事时间。个人写"启事人×××"；单位直接写单位名称，并加盖公章。下一行写明启事时间。如果招聘单位或征文单位名称已写在标题中的，落款处只写时间即可。如果单位名称没有在标题中出现，要在落款中写明。

●━━━━━ 特别提示 ━━━━━●

1. 不能将"启事"错写为"启示"。"启"是叙说、陈述的意思，"事"即"事情"。"启事"，就是公开陈述某件事情；"启示"是启发、开导、使人有所领悟的意思。前者是名词，后者是动词。

2. 启事的情况要真实，不得弄虚作假，其内容要严谨完整，表述清楚。同时，联系方式等信息都要一一交代清楚。

3. 启事应一事一启，事项单一，便于公众迅速理解和记忆。启事用语要通俗简洁，行文的态度要诚恳热情。

【技能训练】

一、病文修改

★ 阅读下面三则启事，指出其中的错误，并加以改正。

1. <center>寻物启示</center>

本人是××学校的会计，于5月15日骑车经过××职业学院附近时，不小心丢失皮包一只，有拾到者请交给本人，我愿意负出重金表示感谢。

此致

敬礼

2019年5月16日
××学校王××

2. <center>招领启事</center>

昨天中午，本人在从教室到校礼堂的路上拾到一串钥匙。这串钥匙有五个是铝制的，两个是铜制的，拴钥匙的链上还挂着一只红色的塑料小熊猫。望失主速来认领。

张××

3. <center>征稿启事</center>

全体同学：

我们学校有的同学语文学习不得法，成绩总不提高，大家很焦急，建议本刊出一期语文学习专刊。请语文学习好的同学介绍语文学习的经验体会，学习语文的好方法。我们采纳他们的意见，准备出一期语文学习专刊。内容按语文专刊的要求，字数不超过1000字左右。欢迎同学踊跃投稿，来稿请在本月底前投在本刊投稿。

××中学《芳草地》编辑部

二、写作实践

★ 阅读下面两则材料，根据要求写作。

1. ××学院数控1712班学生王××在打篮球的时候，把一件黑色夹克放在了篮球场边上，结果，他打完篮球后直接走了，忘记了篮球场边的黑色夹克，当他再去找的时候，黑色夹克已经不见了。

请你以王××的名义拟写一则寻物启事。

2. 为××餐馆拟写一则招聘服务员的启事。

第三节 │ 声明

声明与启事同样具有公开性的特点，但比启事更为严肃、庄重。本节所讲的声明属于日常应用文体，它不同于公文性质的声明。

【考考你】

1. 一些不法分子盗用某知名商标制造假冒伪劣产品，造成不良的社会影响，这家知名企业将如何维护自身权益并告知公众不再上当受骗呢？

2. 工作中常会遇到需要上交毕业证书的情况，有些人却不慎将毕业证丢失。没有毕业证会带来一系列的麻烦，或者影响求职，或者影响到自己的职称晋升。毕业生张某丢失毕业证，他准备登报声明：×××不慎将×××毕业证（××××年×月至××××年×月）遗失，特此告知。你认为他写的声明有什么问题？

【文体知识】

一、概念

社会团体、企事业单位或者个人，就涉及自身的事项向社会公开表明态度、阐明观点、说明事实而写成的应用文叫声明。声明一般较为简短，若登载在报刊上，往往在声明外加边框，以引起读者注意。

二、种类

根据不同用途，声明可分为两种。

1）遗失声明　重要证件、票据遗失，须通过遗失声明的方式发布在报刊、电台或电视上，言明作废，以防他人冒用。

2）维权声明　维权声明是指当自身权益受到侵害，为保障自身合法权益而发布的声明。维权声明的作者可以是企事业单位，也可以是个人。个人声明，也可由委托人或律师代为发布。

三、特点

1. 公开性　公开发表，引起公众关注。公开表明作者的观点、主张，或者澄清事实，解释原因。

2. 严肃性　发布者态度郑重、庄严，申明权益、说明事实真相，语气严肃，必要时援引相关法律作为依据。

【例文评析】

例文一

遗 失 声 明

北京市××律师事务所律师×××不慎将律师执业证丢失,证号:W01200111×××××,特此声明作废。

> **评析:** 此声明属于遗失声明,简要写明何单位何人丢失何证件以及证件号,用"特此声明作废"做结尾。此类声明一般登报发布,以防止发生法律纠纷。

例文二

××医疗美容医院维权声明

近来,一些人冒充我院专家,在私人美容院、会所等非医疗机构为顾客注射所谓的肉毒素、玻尿酸、胶原蛋白、羊胎素等产品。××医疗美容医院郑重提醒消费者,肉毒素、玻尿酸、胶原蛋白、羊胎素等产品属医疗器械类产品,只有具有"医疗机构执业许可证"的正规整形美容医院才有使用资格。我院的注射类整形美容产品都是从正规渠道进货的,均经国家药品监督管理局批准上市。

他人冒充我院专家一事已经严重危害到我院的名誉,在短短几个月内,我院已经接到多起投诉。在此,我院郑重声明:

1.××医疗美容医院在天津只有一家,地址是:××区××路××大厦。
2.我院在天津没有其他分院,也没有其他合作机构。
3.我院专家绝不会在××医疗美容医院以外的地方行医。请消费者不要上当受骗。
4.若消费者发现有假冒我院名义的个人或机构,请拨打022-2352×××举报。

同时郑重提醒消费者,注射肉毒素、玻尿酸、胶原蛋白等产品一定要到具有"医疗机构执业许可证"的正规整形美容医院,医生必须具备"医师资格证书"和"医师执业证书"。

特此声明。

××医疗美容医院
2019年5月6日

> **评析:** 这是一则维权声明。××医疗美容医院的名誉被不法分子侵犯,为此写下这则声明,以维护自身权益,提醒消费者不要上当受骗。开篇陈述侵权事实;接着郑重声明医院的立场,由于此项内容较多,以条目式来陈述;然后通过郑重声明向消费者提醒不要上当受骗;最后用"特此声明"结尾。

例文三

学位论文原创性声明

本人声明,所呈交的学位论文是我在导师的指导下进行研究工作所取得的研究成果。除文中已经注明引用的内容外，本论文不包含其他个人或集体已经发表或撰写的研究成果，也不包含本人或他人已申请学位或其他用途使用过的成果。对本文的研究作出重要贡献的个人和集体，均已在文中作了明确说明并表示了谢意。本学位论文若有不实或者侵犯他人权利的，本人愿意承担一切相关法律责任。

作者签名：×××
2019 年 × 月 × 日

评析： 当今社会，网络日益发达，版权问题日益受到重视。为了保障论文的原创性，一些大学或者出版社要求作者出具这类声明，避免版权纠纷。作者以声明的方式来表明学位论文是自己的研究成果，并承诺如侵犯他人权利，愿意承担一切相关法律责任。

【写作指导】

一、遗失声明

1. 标题　标题可以写文种，如"声明""遗失声明"" ×××证件遗失声明"。

2. 正文　正文写明遗失人姓名，遗失时间，遗失的物品名称及相关信息。正文结束后，写上"特此声明"。发布在报刊上的声明可以省略日期，以报刊印发日期为准。

遗失声明是遗失者按法律规定刊登声明之后，对于他人再冒用遗失者的证件或其他物品而产生的各种后果，遗失者不再承担相关责任的证据。在市级公开发行的报刊上刊登的遗失声明才有效，通过网络发布的遗失声明是不具有法律效力的。

二、维权声明

1. 标题　维权声明的标题有多种拟法，可以写文种，如"声明"，也可以在文种之前加上"严正""郑重"等情绪色彩强烈的词语，还可以冠以声明的单位。

2. 正文　维权声明的正文部分是维权声明的主体和核心，主要包括四方面的内容：第一，叙述被侵权事实；第二，声明自己的合法权利；第三，对侵权者提出警告；第四，提醒相关人员不要受骗。

3. 落款　维权声明的落款应包括发表声明的企事业单位，或其领导人和代理人的署名，以及发表此声明的日期。

◆ **特别提示** ◆

1. 维权声明的内容要有的放矢、有凭有据、情况确凿。

2. 维权声明对侵权的单位或个人，必须警告他们必须立即停止侵权行为，否则将承担由此产生的一切后果。

3. 维权声明应立场鲜明，态度坚决。它向社会公众和侵权者表明，自己的权益是绝对不允许受到侵犯的，对任何侵犯自己权益的行为也绝不会容忍与姑息。

4. 维权声明一经发表，就具有法律效力，对侵权者的侵权行为将付诸法律。

【技能训练】

一、病文修改

★ 阅读下面这则声明，指出其中的错误，并加以改正。

声　明

本人王莹，郑重声明：××有限公司已通知我本人与我办理社会保险缴费事宜，因我个人原因，社保在其他单位代理缴纳，暂不能将个人的社保资料提交公司。特此申明，我个人的社保缴纳问题与本公司无关，并保证不会因此与本公司产生纠纷。

二、写作实践

★ 阅读下面三则材料，根据要求写作。

1. 某公司会计刘大强在办理业务的路上，不慎丢失该公司转账支票一张，支票号为10108857823。他赶快向公司报告此事，经领导同意，在《××》报上发布一则遗失声明。请为刘大强拟写这则声明。

2. 近日，有出版单位和个人，对《××》杂志中已经登载的文章整版剽窃，抄袭该刊人员的研究成果。《××》杂志社决定发表声明，对这种行为予以警告。

请以《××》杂志社的名义拟写一则声明。

要求：1. 标题写成"单位名称+事由+文种"的格式。
　　　2. 要有引文、正文，正文采用条目式。
　　　3. 全文不得少于250字。

3. 歌星×××去地震灾区义演，有关单位拿出一部分钱款酬谢该歌星，而×××基于义演的愿望，婉言谢绝。但事后传闻说他拿到20万元人民币的演出费。×××十分气愤，欲写一则声明登在《××××》报上，澄清此事。

请为歌星×××拟写这则声明。

第四节　感谢信

在日常生活和工作中，如果得到对方的帮助和支持，应及时地用感谢信的形式表达谢意，使对方得到心理上和精神上的慰藉，这是一种不可缺少的公关手段。

【考考你】

假设某日你在学校食堂，不慎将钱包丢失，内有身份证、学生证、公交一卡通、校园一卡通和50多元人民币。××同学拾到后，按照学生证上的信息找到你，亲手将钱包交给你。你想写一封感谢信，表达你的感激之情。

这封感谢信该怎么写呢？

【文体知识】

一、概念

感谢信是向帮助、关心和支持过自己的集体（党政机关、企事业单位、社会团体等）或个人表示感谢的书信。

二、种类

按感谢对象的特点不同，感谢信可分为：
1. 写给集体的感谢信　个人或集体得到了集体的帮助而写的感谢信。
2. 写给个人的感谢信　个人或集体为了感谢某个人曾经给予的帮助而写的感谢信。

按存在形式不同，感谢信可分为：
1. 公开张贴的感谢信　在报社登报、电台广播或电视台播报的，可以公开张贴的感谢信。
2. 寄给集体或个人的感谢信　直接寄给集体或个人的感谢信。

三、特点

1. 感谢对象要明确　感谢信要有确切的感谢对象。
2. 表述事实要具体　感谢信应陈述明确具体事由。
3. 感情色彩要鲜明　感谢信中的感情色彩要强烈鲜明，言语里要充满感激之情。

【例文评析】

例文一

致全市人民的感谢信

尊敬的市民朋友们：

　　为应对2016年12月16日至21日的空气重污染过程，本市依据新修订的空气重污染应急预案，及时启动了红色预警。此次空气重污染持续时间长、影响范围广、污染程度重，给全市人民工作生活带来严重不便和影响。对此，全市人民克服许多困难，并以实际行动积极参与治污减排行动，展现了顾全大局、无私奉献的良好精神风貌。有关企业和施工单位自觉落实主体责任，严格执行停限产和停工措施，为遏制空气重污染进一步加剧作出了积极贡献。

　　据初步分析，应急措施有效降低了本地污染物排放强度，减缓了累积速度，削减了浓度峰值。与此同时，应急预案的实施，也进一步凝聚起全社会众志成城、同心协力参与治污的强大正能量。在此，市委、市政府对全市人民的奉献精神和全力支持表示衷心的感谢，并致以崇高的敬意！

　　我们深深感到，治理大气污染离不开全市人民的支持和参与。我们将牢固树立绿色发展理念，把生态文明建设放在更加突出的位置，紧紧依靠全市人民，以更加有力的措施，持续改善空气质量，坚决打赢大气污染防治攻坚战。

再一次感谢全市人民！

中共北京市委
北京市人民政府
2016 年 12 月 22 日

> **评析：** 北京冬季连续出现空气重污染现象，2016 年 12 月 16 日 20 时至 12 月 21 日 24 时，北京启动空气重污染红色预警的多项措施。为了感谢北京市民的大力支持，市政府写了这封感谢信。信中首先介绍背景，阐述了全体市民大力支持市政府治理空气污染的事实；然后点明效果，并热情赞颂全体市民的奉献精神；最后表示出改善空气质量，坚决打赢大气污染防治攻坚战的共同决心。

例文二

感 谢 信

尊敬的社会各界人士：

衷心感谢你们的慷慨解囊和无私帮助，在我困难的时候向我伸出援助之手。当我在生死边缘挣扎的时候，是你们让我看到了希望的曙光。

我是不幸的，在这青春岁月里，却与病魔羁绊前行了十年，在这最灿烂的十年里，我艰难地走过大多数人都没有经历的岁月；我又是幸运的，一直以来，无论发生什么事，都有家人陪我一起走过。现在又有你们无私的帮助，是你们的行动鼓舞了我，让我又重新拾起了信心。

十年来，家里一直都没有放弃过给我治疗，再穷也没有退缩。家里的经济条件一直以来都不好，十年的治疗已使家里一贫如洗，家人们心中着急，不想看着我痛苦地挣扎，却因经济原因不能将我送到更好的医院。在这样尴尬的局面下，在我们进退两难的时候，是你们向我们伸出了援助之手，让在困境中的我们看到了一丝希望。在这寒冬里，你们的帮助就像一缕最灿烂的阳光，照亮了我们的心怀，那如波涛汹涌般爱的暖流久久地在我们每个人的内心深处激荡。

我们感谢所有捐献善款的朋友们，感谢你们的爱心捐助，是你们给了我重新拥有美好人生的希望！虽然我和你们没能见面，但我能感受到你们的心，我会永远记得你们的。在此，我代表我自己及我的家人向所有奉献爱心的人们致以最诚挚的谢意！谢谢你们！

此致

敬礼！

李××
2019 年 8 月 5 日

> **评析：** 这是一名受助者写给捐款的社会各界人士的感谢信。开头写自己得到社会救助的心情：看到了生命的希望；接着叙述自己被病痛折磨的过程，以及因经济原因不能得到更好治疗的境况；最后赞颂社会各界人士的爱心捐助，对他们无私奉献致以最诚挚的谢意。感情真挚、朴素，语气恳切。

例文三

感 谢 信

×××商业局：

  我院财经系×××等四名学生，前不久在贵局毕业实习两个多月，得到了贵局领导和办公室人员政治上的正确引领，业务上的耐心指导，生活上的悉心照顾。同学们实习的时间虽然不长，却取得了很好的成绩，达到了预期的实习目的。

  贵局领导和工作人员热心支持教育事业的精神使我们深受感动，为此，特向贵局表示衷心的感谢！并决心以你们为学习榜样，忠诚党的教育事业，为党和国家培养更多优秀的人才。

  此致

敬礼！

××××学院
2019 年 7 月 1 日

评析： 这是一篇格式规范，言简意赅的感谢信，由标题、称谓、正文、致敬语、落款五部分构成。本文的写法简明扼要，首先阐述感谢理由，接着表达感谢之情，最后还表明了向对方学习的决心。

【写作指导】

感谢信一般由标题、称谓、正文、致敬语、落款五部分构成。

1. **标题** 标题可只写"感谢信"三个字；也可加上感谢对象，如"致×××同学的感谢信""致××物业公司的感谢信"；还可再加上感谢者，如"×××全家致××社区居委会的感谢信"。

2. **称谓** 称谓写感谢对象的单位名称或个人姓名，如"××交警大队""××同志"。

3. **正文** 正文主要写两层意思：一是写感谢对方的理由，即"为什么感谢"；二是直接表达感谢之意。

（1）感谢理由 首先准确、具体、生动地叙述对方的帮助，交代清楚人物、时间、地点、原因、过程、结果等基本情况；然后在叙事的基础上对对方的帮助作妥帖、诚恳的评价，以揭示其精神实质，从而肯定对方的行为。

（2）表达谢意 在叙事和评论的基础上，直接对对方表达感谢之意。也可以根据情况，在表达谢意之后，表示以实际行动向对方学习的态度。

4. **致敬语** 一般用"此致""敬礼"，也可以灵活运用，如"祝身体健康""祝学业有成"。

5. **落款** 落款处写感谢者的单位名称或个人姓名，以及写信的时间。

特别提示

1. 叙述对方对自己或本单位的帮助，一定要把人物、时间、地点、原因、过程、结果等基本情况叙述清楚，便于组织了解和群众学习。

2. 信中要洋溢着感激之情。在叙述事实的过程中，行文要始终饱含着感情，使书信的读者受到感染。

3. 写表示谢意的话要得体，既要符合被感谢者的身份，也要符合感谢者的身份。

4. 感谢信以说明事实为主，切勿不着边际地展开议论。

【技能训练】

一、病文修改

★ 在社会各界人士的帮助下,冬季来临之前,在玉树地震中受损的学校已修缮完毕,师生们搬入了安全温暖的教室。玉树××中学全体学生为表达对慷慨资助该校的××公司的谢意,商定以该校学生会的名义写信致谢。下面是感谢信的正文部分,存在表述不妥的情况,请找出并改正。

感谢信

2010年4月14日发生的玉树特大地震使我校的校舍严重受损。贵公司在灾后第一时间便送来了巨额善款和大批建设物资,使该校得以迅速重建并复课。我们全体学生不知该用怎样的溢美之词来表达我们的感谢之请,特写此信向贵公司致以最诚挚的谢意,并随信赠送一批我们藏族学生亲手制作的哈达和民族工艺品,望珍藏!

同时,我们还想通过新闻媒体对贵公司的义举进行宣传报道,现垂询一下是否妥当。

二、写作实践

★ 阅读下面两则材料,根据要求写作。

1. 2019年2月12日下午,赵女士乘坐北京南站发往杭州东站的G43次列车。晚上8:30时赵女士在目的地桐乡站下车,由于下车时较匆忙,加上携带的东西较多,不慎将一个蓝色帆布包落在车上。包内有赵女士为家人购买的京津特产:北京全聚德烤鸭2只、北京稻香村点心2盒及天津麻花3斤。赵女士出了检票口,马上就意识到自己遗忘了物品,可是列车已经开动。

于是,赵女士向桐乡高铁站工作人员求助。了解情况后,工作人员立刻联系了G43次列车长。经过沟通,让赵女士第二天上午乘坐G42次列车返回北京途经桐乡站时认领物品。第二天上午10时许,赵女士顺利地取回了遗忘的物品。赵女士对帮助她的桐乡高铁站及G43次列车相关工作人员充满了感激之情。

请你以赵女士的名义写一封感谢信。

2. ××小区附近,××中学的初一(1)班学生,在班委会的组织和带领下,经常到××小区参加社区服务活动,如打扫环境卫生,帮助孤寡老人买米买菜等,受到小区居民的高度赞扬。请你以××小区居委会的名义,给××中学写一封感谢信。

第五节 慰问信

慰问信能使人感受到关怀和温暖、鼓舞与激励。慰问信所写的事迹,与写慰问信的当事人可以有一定的联系,也可以没有必然联系。

【考考你】

新春佳节即将来临，你家小区的清洁工人放弃返乡，坚持工作，每天把楼道、路面打扫得干干净净，为居民营造了良好的生活环境。为了表达心意，居委会给他们赠送了节日慰问品，同时送去一封慰问信。你认为慰问信怎样写才能激励他们，使他们感到温暖呢？

【文体知识】

一、概念

慰问信是以个人或集体的名义向个人或集体表示慰问的一种专用书信。

二、类型

慰问信具有特定的行文对象，是在特定情况下使用的应用文。慰问信一般可分为三种类型：

1. 针对那些承担艰巨任务，做出了巨大贡献的集体或个人　写慰问信对他们进行表彰，如慰问抗洪抢险的解放军某连队、慰问保家卫国的边防军人等。

2. 针对那些由于某种原因（如地震、暴雨、火灾、车祸、空难等）而遭受困难或蒙受巨大损失的集体或个人　写慰问信对他们表示同情和安慰，鼓励他们克服困难，振作起来，以期尽早地改变现状，如对灾区人民的慰问、对老少边穷地区群众的慰问等。

3. 重大节日期间对特殊群体表示慰问　一般表达对他们以前工作的肯定和赞扬，并祝福他们在今后的工作、学习、生活中一切顺利，做出更大的成绩，如春节慰问、教师节慰问等。

三、特点

1. 发文的公开性　慰问信可以直接寄给本人，但大多是以张贴、登报，在电台、电视上播放等形式出现的。

2. 情感的沟通性　无论是对有突出贡献者的慰问还是对遭遇困难者的慰问，情感的沟通是支撑慰问信的一个深层基础。慰问正是通过这种或赞扬表达崇敬之情、或同情表达关切之意的方式，来达成双方的情感交流和相互理解的。节日的慰问，尤其是为某一群体而设的节日的慰问，更是起着相互沟通情感的作用，如"三八妇女节""护士节"等节日的慰问。

【例文评析】

例文一

××市政府致××水利局的慰问信

全市奋战在抗旱救灾第一线的水利干部职工们：

今年5月中旬以来，我市遭受了五十年一遇的特大干旱，高温及持续时间已创历史新高，中西部区县降水已达百年一遇的最低水平。8月9日，我市启动了全市特大干旱（Ⅰ级）红色预警。目前，我市持续高温伏旱天气已进入第6周。在此，向辛勤奋战在抗旱救灾第一线的水利干部职工和广大干部群众表示最亲切的问候和最崇高的敬意！

在我市遭受前所未有的旱灾面前，各级防汛抗旱指挥部门和水利部门的广大党员、干部职工紧紧围绕抗旱工作大局，按照市委、市政府抗旱救灾"五个确保"的部署和要求，立足于打硬仗、打苦仗、打恶仗，恪尽职守，兢兢业业，无私无畏，全力抗旱，把解决广大人民群众饮水问题放在首位，尽最大努力保证了全市正常的生产生活秩序和社会安定。各级防汛抗旱和水利干部职工奋力拼搏，夜以继日奋战在抗旱救灾第一线，急群众之所急，忧群众之所忧，确保旱情出现在哪里，水利系统的党员、干部、技术人员就出现在哪里，涌现出了一大批作风顽强、心系群众、感人至深的好党员、好干部、好职工，赢得了广大人民群众的信赖和赞誉，为我市抗旱救灾取得阶段性胜利做出了积极的贡献。

希望你们继续发扬连续作战和奋力拼搏的工作作风，弘扬"献身、负责、求实"的水利精神，切实做到"确保群众生活用水，确保不渴死大牲畜，确保不出现重大森林火灾，确保战斗在生产和救灾一线的干部群众的生命安全，确保完成全年经济社会发展目标任务"的"五个确保"，尽最大可能降低旱灾带来的损失。坚韧不拔、不屈不挠、愈挫愈奋、愈困愈强的精神永远是我们战胜困难、勇往直前的强大力量。我们坚信，只要有市委、市政府的正确领导，各级各部门的群策群力，只要我们继续保持与时俱进、昂扬向上、不畏艰险、顽强拼搏的精神状态，不断培育自强不息、开拓开放的人文精神，万众一心，众志成城，团结奋战，扎实工作，决战决胜，我们就一定能夺取抗旱救灾的全面胜利！

××市政府
××××年×月×日

> **评析**：这是某市政府对奋战在抗旱救灾第一线的水利干部职工写的慰问信。正文部分首先表述某市旱灾的严重情况，并表达对抗旱救灾第一线的水利干部职工和广大干部群众最亲切的问候和最崇高的敬意；接着热情赞颂了他们打硬仗、打苦仗、打恶仗，恪尽职守，兢兢业业，无私无畏的职业精神；然后对他们提出希望，做到"五个确保"，尽最大可能降低旱灾带来的损失；最后表达万众一心，众志成城，团结奋战夺取抗旱救灾全面胜利的共同决心。

例文二

给雅安地震灾区的慰问信

敬爱的雅安同胞：

你们好！

惊悉雅安市芦山县发生7.0级地震，多人被夺去宝贵生命，地震波及邻近市州，人民群众生命财产遭受严重损失。雅安地震深深牵动着亿万中国人民的心，我公司全体员工在此对震灾中遇难的人员表示深切的哀悼，对受灾群众表示诚挚的慰问！

灾情发生后，灾情就是命令，时间就是生命。习近平总书记、李克强总理作出指示"要把抢救生命作为首要任务"。成都军区2000多名官兵第一时间紧急出动，当地武警、特警第一时间紧急赶往地震灾区救援，四川省领导在第一时间率消防、卫生等部门人员赶赴现场，国家三级救灾响应机制已在第一时间启动。多难兴邦，在经历了汶川大地震等灾难后，我们已积累了丰富的抗震救灾经验，相信有党中央、国务院的正确领导，有人民解放军、武警部队的冲锋陷阵，有灾区人民"众志成城，万众一心"的抗灾精神，有祖国人民"一方有难，八方支援"的传统美德，雅安人民一定能够打胜抗震救灾这场战役。

在此，我们向战斗在抗震救灾第一线的人民解放军、武警部队和广大干部群众致以崇高的敬意！全国人民与灾区人民心连心，是你们战胜地震灾害的坚强后盾。我们坚信，有党中央、国务院的亲切关怀，有省委、省政府的正确领导，有全省、全国人民的大力支持，有社会各界的积极援助，灾区人民一定能够众志成城、万众一心夺取抗震救灾斗争的胜利，重建美好家园。衷心祈愿，受此地震影响的灾区人民能够早日恢复安稳生活。

让我们一起为雅安祈祷，雅安加油，中国加油！

×××有限公司
××××年×月×日

评析： 这是写给雅安地震灾区人民的慰问信。慰问信首先概述受灾情况，向灾区人民表示诚挚慰问之情；然后表述了在党中央的领导下，人民解放军、武警部队冲锋陷阵抗震救灾的事实，歌颂了灾区人民"众志成城，万众一心"的抗灾精神；最后祝愿灾区人民夺取抗震救灾斗争的胜利，能够早日恢复安稳生活，重建美好家园。语言简练，情真意切。

例文三

教师节的慰问信

敬爱的老师：

在这秋风送爽，硕果累累的收获季节，我们迎来了又一个教师节。在此，校团委、学生会谨代表全校同学向您们致以节日的祝贺和衷心的感谢！老师是伟大的，您们甘当人梯，以伟岸的身躯托着我们稚嫩的双脚一步步攀高、攀高；您们愿为红烛，以不灭的信念为我们照亮前进的道路；您们不是演员，却吸引着我们专注的目光；您们不是歌唱家，却让知识的清泉叮咚作响，唱出迷人的歌曲；您们不是雕塑家，却塑造着一批批青年人的高尚灵魂。我们学校之所以有今天的社会声望和辉煌成就，在于您们——敬爱的老师们一直兢兢业业，勤勤恳恳地教书育人。您们不仅专业知识精通，授课经验丰富，那份为人师表的高风亮节更让我们钦佩不已。我们的老师有的已经两鬓斑白，有的则正当青春年华，但您们不论年轻与否，都拥有那份青春的活力、热情和自信。在相处的日子里，我们也渐渐成熟，学会了尊重、体贴和理解。无论怎样的路，有老师与我们同行，我们总会信心百倍。可能有人会在泥泞中跌倒，但他依然坚强；可能有人会迷失方向，但他依然勇敢。因为我们的身后，有您们期待的笑容！课堂上，您们执掌教鞭，谆谆教诲，传授知识，启迪智慧；实验室里，您们亲自示范，悉心指导，注重实践，致力于培养学生的科研创新能力；生活中，您们热情关怀，言传身教，成为学生们可以依赖的温厚长者、为人处世的巍巍典范。我们是师生，但我们更是朋友，从您们那里，我们得到师长的教诲；从您们那里，我们更收获朋友的信任！

教师节，就是我们学生的感恩之日，祝愿我们的老师身体健康！工作顺利！生活愉快！我们会更加努力学习，以优异的成绩来报答您们对我们的教育之恩！再次感谢您们的辛勤付出，老师，您们辛苦了！

此致

敬礼

×××学校团委、学生会
20××年×月×日

> **评析：** 标题注明了慰问节日和文种。称谓在慰问对象前使用了修饰语"敬爱的"，显得敬重又亲切。正文包括三个方面的内容：一是写慰问信的背景，在教师节向全体教师致以节日的问候和崇高的敬意；二是歌颂了老师爱岗敬业无私奉献的精神；三是用慰勉与祝愿的话作结语。全篇结构完整，内容充实，体现了赞扬与慰问之情，表达了学生对老师的尊敬爱戴之情。

【写作指导】

慰问信一般由标题、称谓、正文、致敬语、落款五部分组成。

1. **标题** 标题位于首行正中的位置，写"慰问信"三字，也可以把单位事由加在前面，如"××市教育研究中心给××大学的慰问信"。

2. **称谓** 称谓写在标题之下，顶格写，后面加冒号。称谓指被慰问的个人或集体，可加修饰语，如"可敬的"等。

3. **正文** 正文应换行空两格，在称谓之下开始写。正文的主要内容有三方面：

（1）简要描述慰问的原因、背景，提起下文。慰问先进者，开头可用"欣闻……非常高兴，特表示祝贺并致以亲切的慰问"等语；慰问受难者，开头可用"惊悉……深表同情，并致以深切的慰问"等语。

（2）较全面具体地叙述事实，具体展现被慰问者（个人或团体）的模范事迹、美好品质，或克服困难、战胜灾难的感人事例。

（3）结语要结合形势提出殷切希望，或给予热情鼓励。

4. **致敬语** 使用表示鼓舞或激励的词语或语句，要根据正文内容选用；也可使用一般格式的"此致""敬礼"等。

5. **落款** 落款应在正文右下方署上写慰问信的个人姓名或单位名称，下一行写日期。

◆ **特别提示** ◆

1. 慰问信的对象要明确，重点要突出。慰问有功者，侧重于赞扬、激励；慰问受难者，侧重于同情、安慰；节日慰问，侧重于肯定、鼓励。

2. 慰问信的感情要真挚，语气要诚恳，语言要富有感染力，用语要朴实简练。

3. 注意感谢信与慰问信的不同。虽然慰问信和感谢信都有表扬的成分，但两者的区别非常明显：

　1）内容侧重点不同。感谢信重在表示谢意，多讲对方对自己的帮助和支持；而慰问信则重在表示慰问，多讲对对方的勉励和激励。

　2）写作对象略有不同。感谢信可以是感谢单位的，也可以是感谢个人的；而慰问信则多是对单位、集体或群众表示慰问。

【技能训练】

一、病文修改

★ 阅读下面这则慰问信，指出其中的文字和格式错误，并加以改正。

写给地震灾区的慰问信

受灾的父老亲人们：

你们好！我们某某有限公司的员工。当我们听说5月12日下午14点28分，四川省汶川县地区发生理氏7.8级地震的消息，焦急万分、彻夜难眠。强烈地震震撼了整个中华大地，震痛了我们的心。

这场突如其来的灾难给灾区的同胞造成了一定的经济损失和精神创伤，我们无不深切的关注着灾区的受灾情况、心系着灾区人民的生命安全、牵挂着灾区人民的生活。

××有限公司全体员工自发组织，筹集资金共计12.5万元，委托××市红十字会汇款给灾区人民，同时向地震灾区人民表达我们全体员工最亲切的慰问。

2008年5月16日

二、写作实践

★ 阅读下面材料，根据要求写作。

××村近日遭受台风袭击，全村100余户人家中，有60户的房子都有不同程度的损坏，庄稼也遭到严重毁坏。在全村遇到巨大困难之际，人民解放军某部5连全体战士，为受灾群众送来了捐赠的衣物和15000元钱，并由连长带队，帮助群众修补房屋，抢种农作物。5连还特别写了一封热情洋溢的慰问信，鼓励全村群众在村党支部、村委会的领导下，战胜灾害，夺取胜利。

在乡党委和某部5连的帮助下，××村很快恢复了正常的生产和生活，群众在渡过灾难后，更加感谢人民解放军，特别是5连的干部、战士。群众倡议以村委会的名义给5连的官兵写一封感谢信，表达全村父老乡亲的谢意，并决心按照5连在慰问信中说的，要奋发图强，把这个沿海的渔村建设得更美丽。

要求：

1. 请你代人民解放军某部5连拟写这封慰问信，正文不少于300字。
2. 请你以××村村委会的名义，给人民解放军某部5连官兵写一封感谢信，正文不少于300字。

第六节 申请书

申请书作为一种专用书信，在社会生活中使用广泛。个人对党团组织和其他群众团体表述志愿、理想和希望时，要使用申请书；下级在工作、学习、生活等方面对上级有所请求时，也可以使用申请书。

【考考你】

学生谢××进入大学已经有两年多的时间，她根据自己在不同时期的学习及生活情况及时制订和修改自己的目标，学习效果很好，各科成绩在班级名列前茅。生活中的她也注重为人处事的方式，与同学们互帮互助，相处融洽，得到了老师和同学的肯定。为此，她特向学院申请"院长奖学金"。

假如你是谢××，该如何拟写这则申请书？

【文体知识】

一、概念

申请书是个人或集体出于某种要求，向上一级或有关部门申明理由、提出请求时写的一种专用书信。

二、种类

申请书种类很多，从用途上划分，有以下三类。

1. **思想政治方面的申请书**　这类政治申请书一般用来申请加入某些进步的党派团体，如入团申请书和入党申请书等。

2. **工作学习方面的申请书**　这类申请书是指求学或在实际工作中所写的申请书，如入学申请书、进修申请书和调动申请书等。

3. **日常生活方面的申请书**　日常生活中，柴米油盐、吃穿住行，我们常常会遇到一些问题，都需要个人递交这类申请书进行申请，组织、集体或单位才会着手解决问题，如开业申请书、困难补助申请书等。

三、特点

1. **请求性**　申请书最主要的目的是请求上级或有关单位答应、批准某事，因此请求性是其最显著的特点。

2. **严肃性**　申请书的内容都比较严肃。例如，加入党派团体的申请书往往表明申请人的立场、观点、政治态度或事业追求；调动工作、承担任务的申请书往往决定申请人的工作环境和发展方向。因此，写申请书必须态度严肃、郑重其事。

3. **单一性**　一份申请书只能表达一种愿望或提出一项请求，一事一书，不能把不同的要求写在同一份申请书中。

【例文评析】

例文一

入党申请书

尊敬的党组织：

中国共产党领导全国各族人民推翻了压在头上的"三座大山"，取得了新民主主义革命的胜利，建立了社会主义新中国，确立了社会主义制度，发展了社会主义经济、政治和文化。十一届三中全会以来，党总结正反两方面的经验和教训，解放思想，实事求是，实行改革开放，把马克思主义的基本原理与当代中国社会主义建设的实践相结合，逐步形成了建设有中国特色社会主义的理论，开创了社会主义事业发展的新时期。没有中国共产党，就没有中国革命的胜利，就没有中国社会主义建设的今天。

作为一名共青团员，我一直严格要求自己，用自己的实际行动来发挥团员的先锋作用。

随着年龄与文化知识的增长，我对党的认识越来越深，加入党组织的愿望也越来越强烈。为此，我郑重地向党组织递交入党申请书。

为争取早日加入中国共产党，我一直在努力着，并在思想、学习、生活等各方面都有了很大的提高。在思想上，我严格要求自己，时刻关注着时事政治，学习有关党的理论知识，用党员的标准来要求自己。积极参加学校、班级的各项活动，尽量发挥自己的特长，兼顾学校、班级的利益，真正起到先锋模范作用。在学习上，我时刻牢记"学习是学生的天职"这一信条，对待学习不敢有一丝的怠慢。现在进入了大学，我会继续坚持不懈地努力学习，争取每一科成绩都达到"优"，为以后走上工作岗位打下坚实的文化基础。在生活上，我时刻与同学保持良好的关系，热心主动地帮助有困难的同学。总之，我一直以"德、智、体、美"全面发展作为自己的行动准则。

我知道我与党组织的要求还有很大的距离，我身上也还存在着不少缺点。但我有决心，向保持共产党员先进性的楷模学习，像攻克学习难关一样，取得政治思想的收获，直到自己成为党员队伍中的光荣一员！

请党组织在实践中考验我！

此致

敬礼

申请人 ×××
2018 年 × 月 × 日

评析： 入党申请书标志着申请人向党组织表明自己有入党的志愿与要求，使党组织了解申请人的政治信仰和追求，便于党组织对申请人有针对性地进行培养、教育、考察。这篇入党申请书符合要求，首先申请人表明了入党的愿望，阐明了对党的认识和入党的动机；接着向党组织汇报了自己的思想、学习、生活等方面的情况；最后提出了自己的决心和态度。全文语言朴实真切，恰如其分地表达了作者的迫切愿望。

例文二

进修申请书

人事处：

本人梁××，学院基础教研室副主任，从事心理健康教育的教学和学生心理咨询工作。多年的工作实践，使我深切地感受到必须要进一步学习学校心理咨询的理论、方法及应用，注重学校心理咨询理念、方法和学习者实践的结合，关注学校心理健康教育课程体系的研发，从而让心理健康课程更好地服务于学生。因此本人在保证每周有两天在学院工作、不耽误基础室日常工作的前提下，申请本学期参加××师范大学高级研修学习。

访问导师：苏××教授；研究方向：学校心理咨询；研修时间：2017 年 3 月—2017 年 7 月；学习性质：非全脱产进修；学习费用：8800 元。

恳请领导批准！

此致

敬礼

申请人 梁××
2016 年 12 月 26 日

> **评析：** 这是一篇进修学习的申请书。申请书写明进修的原因，讲明自己从事的工作，进修的课程和内容，尤其是具体写明了访问的导师、研究的方向、研修的时间、学习的性质和学习费用等。事项明确，理由充分，态度诚恳，语言得体。

例文三

城市低保申请书

××社区居民委员会：

  我叫刘某，家中三口人。现住××市××区北郊农场家属院×楼×单元×室。房屋是1998年住房改革时购买的公有住房。住房面积为45.1平方米。

  本人于1958年生，患有慢性气管炎哮喘病，长年服药。曾在××化工厂上班，于2005年病退。工厂给予每月生活费1200元，再无其他收入。妻子王某，1960年生，没有参加过工作，没有任何收入。儿子刘××，1983年生，先天性呆傻，无工作，无收入。而每月仅有的1200元，无法使我家达到城市最低生活水平。

  特此请求居委会根据××市政府《××市城镇居民最低生活保障办法》，给予我最低生活保障。恳请批准！

  此致

敬礼

申请人　刘某
2019年9月10日

> **评析：** 这是一篇困难补助申请书。标题中写明了申请的事项：申请城市低保。正文中，实事求是而又具体明确地写明了申请理由和要求，便于领导研究和给予妥善处理。在语言上使用"请求""申请""恳请"等祈请字样，态度诚恳。

【写作指导】

申请书一般包括标题、称谓、正文、致敬语和落款五部分。

1. **标题**　写于首行正中，字体要端正、醒目。标题由事由+文种构成，如"入党申请书""城市低保申请书"等。尽量不要只写"申请书"三个字。

2. **称谓**　写在标题之下，顶格写明接受申请书的组织或单位名称，或者写领导人姓名、职务，后加冒号来提示要说的内容，如"××党组织""××社区居民委员会"等。

3. **正文**　正文是申请书的主体，包括申请的事项、申请的理由和申请人的态度三个方面。

（1）申请的事项　开门见山地提出申请的事项或意愿。要简明扼要，提纲挈领。也可以先写申请的理由，再写申请的事项。

（2）申请的理由　根据申请的事项提出申请的理由，或写出自己的思想认识过程，或摆出自己的实际情况，或列出自己的主客观条件等。

要注意以下几点：一是理由充分，避免含糊其辞。要让人一看就心悦诚服，马上研究解决。二是抓住要领,避免面面俱到。要提出主要理由,说明为什么要提出申请。三是条理分明,避免眉目不清。可以分段来写,也可以分条列项写。

(3) 申请人的态度　向组织或领导提出诚恳的希望,或表示自己的决心,内容可以简约一些。

4. 致敬语　写表示祝愿、敬意的话。一般用"此致""敬礼"。

5. 落款　要写明申请人的姓名和提出申请的具体日期。个人申请要在申请者姓名之前写上"申请人"三字。单位申请写明单位名称并加盖公章。

◆ 特别提示 ◆

1. 实事求是。写申请书应该真实客观地表达愿望、反映情况,叙述事实要准确,提出要求要明确具体。不应该为了达到某种目的而故弄玄虚、言过其实;更不能不择手段,弄虚作假,歪曲事实,提出无理要求。

2. 简明扼要。申请书申请的内容应该简明单一,说明申请事项应该开宗明义,叫人一目了然。阐述申请理由要条理清晰,充分透彻,使人信服。表达愿望和要求应该明确具体,便于上级单位和领导能迅速了解情况,及时研究批准。

3. 朴实诚恳。申请书的读者是特定的上级单位或领导,写作者的态度应该诚恳坦率,语气应该谦虚,语言应该朴实无华。同时,书写要工整,标点符号要正确,格式要规范,这样才能使人读起来有严肃、认真、恭敬、礼貌的印象,从而达到申请的最佳效果。

【技能训练】

一、病文修改

★ 阅读下面的申请书,指出其中的错误,并加以改正。

申请书

××派出所:

我是百佳城小区11号楼居民,叫白××,43岁,在××出租公司工作。我爱人杜××,46岁,是××幼儿园老师。因身体患病,婚后一直没有生育。家中只有我们夫妇两人,经济收入宽裕,但精神上很感寂寞。经商量,我们准备把堂弟的三女儿杜×,接到我家,给我们做女儿。此事已经双方同意,并于今年10月12日办理了有关领养的公证手续。现特向派出所申请,同意并准予将杜×的户口迁入为盼。

另外,因本人上月上旬,在回家途中不慎将居民身份证遗失,期间虽经多方查找,但仍苦无下落。现在急需使用身份证,为此特向贵所申请,望替我补办居民身份证,请速给我解决。要不,耽误大事你们派出所可负不起这个责任。

此致

敬礼

白××
2017年10月28日

二、写作实践

★ 阅读下面一则材料，根据要求写作。

2012 年 10 月，李××调入信息中心通信部，担任话务员。5 年时间里，她学到了很多知识和本领，和大家相处得非常愉快。2017 年 10 月，由于父母希望她回老家工作，便于生活上互相关照，她给单位领导写了封离职申请书。在申请书中，首先自我介绍，并感谢各位领导对她的信任和栽培，感谢各位同事给予的帮助和关心。接着陈述自己离职的理由，希望能在 2017 年 12 月 31 日正式离职，并保证积极配合做好交接工作。最后希望领导对她的申请予以考虑并批准。请根据上述情况，按照申请书的格式，代李××拟写这份申请书。

第一单元 | 相关链接

☆ 男子借条写外号　34 万元险打水漂

"外号"听着顺耳，可不能真当成姓名用，合肥市民王小锋就因为习惯使用自己的"外号"，借出去的 34 万元差点打了水漂。

借出的钱要不回

两年前，王小锋借给好朋友邵林 34 万元用于生意周转。当时邵林保证，只要自己周转过来立即就还。出于信任，王小锋就将钱借给了邵林，邵林也写下了欠条。

然而，钱一借出，还款却遥遥无期。两年来，王小锋多次找到邵林，让其归还自己的 34 万元。结果邵林一拖再拖。更让王小锋没想到的是，到了后来邵林干脆就躲起来不见人影了。无奈之下，王小锋拿着借条，向合肥市庐阳区法院提起诉讼，要求邵林及其妻子小英归还 34 万元。

法院受理后，在案件送达过程中，也未能找到邵林。小英称，丈夫已经很久不在家了，她也找不到丈夫。

债主另有其人吗

日前，庐阳区法院对该案进行了开庭审理。庭审过程中，小英突然向法庭举证称，丈夫邵林并没有借王小锋的钱。因为诉状中原告为王小锋，并非出借人"王二皮"，两人不是同一人，王小锋向自己索要 34 万元的借款不合理，其不具备诉讼主体资格。

明明有借条，小英为何一口咬定丈夫没有欠王小锋的钱呢？采访中，记者看到了这张欠条。欠条借款人为邵林，借款日期为"2010 年 9 月 27 日"，欠条的内容为"欠王二皮人民币现金叁拾肆万元整（340000）。"

小英一口咬定，原告为王小锋，并非出借人"王二皮"，王小锋索要 34 万元的借款不合理，不具备诉讼主体资格。

法院还他"真身"

王小锋借出去的钱，为何写上了"王二皮"的名字？

王小锋称，"王二皮"是自己的外号，一直以来所有人都这样叫自己，所以当时欠条上就这样写了。为了证明自己就是"王二皮",王小锋专程赶到自己所属的社区居委会。社区居委会出具证明证实,王小锋就是"王二皮"。

庐阳区法院经审理后认为,证据证明"王小锋"与"王二皮"是同一人,同时小英在庭审陈述中亦曾将王小锋叫作"王二皮",因此王小锋就是欠条中34万元债权的权利人。不过,由于欠款人系邵林,小英对债务不知情,证据也不能反映该款用于夫妻共同生活,故原告要求小英承担共同还款责任,法院不予支持。

9月14日,法院一审判决被告邵林承担还款责任,并驳回了王小锋的其他诉讼请求。

☆ 苏州寒山寺招聘和尚,月薪1.8万元,男女不限……?

唐朝诗人张继因《枫桥夜泊》而闻名后世,苏州城外的寒山寺亦因此诗而名震大江南北。近年来,关于寒山寺的轶事也层出不穷。

2017年11月期间,不少人的朋友圈里都出现了这么一则奇怪的招聘启事,标题为"苏州寒山寺招聘和尚"。"实习期间月薪1.8万元、转正后月薪2万~5万元"的优厚待遇也引发了网友的热议。其中"男女不限"的招聘条件更是令人匪夷所思,难道和尚还分男女?

2017年年初时,这条招聘启事也曾流传。某报记者曾专门致电苏州寒山寺求证此事,当时寒山寺官方回应:"假的,我们从来没有发过这样的信息,而且我们有自己的佛学院。"

2015年的时候,"寒山寺招聘尼姑"也曾广泛流传并被辟谣。早在2011年,寒山寺在其官网就发布过一则辟谣公告,称"寒山寺绝无招聘尼姑一事"。

☆ "最牛感谢信"——媲美《孔雀东南飞》的长篇叙事诗

跨进爱尔眼科门,白衣天使笑上迎,搀扶老人进电梯,句句温暖甜在心。首先接看李主任,对待老人多热情,仔细查看左右眼,胸有成竹说吾听:老人左眼已无救,右眼还有一线明,大部神经已坏死,不治三月会失明。针对我父这情况,经验丰富李主任,少量手术青光眼,去除白内留点明。只要老人看清路,家人工作也放心,专业原理深剖析,病人哪有不放心?再道高人刘院长,看了我父的病情,已有成竹不动色,亲自挂帅手术精。三十几分时间到,我父手术就做成,可是院长还谦虚,风险系数大得很。大凡高人不一般,夸夸其谈艺不精,还有医生余绍军,心直口快是好人。一遍一遍问病情,深入浅出讲道理,耐心不烦看认真,我父手术需观察,余医细心问进程,刚做手术眼不适,慢慢好起一句声,这是经验之结晶,病人感受好安定;前方士兵打胜仗,后勤保障是根本,王莉莉人美心美,查看病房细心问,问寒问暖好动人,微笑促使好心情。再说护士储晓红,跨进病房笑盈盈,给病点药她不急,病人陪护暖心窝。又说胡悦美女士,护士工作做得精,我父右眼未点药,催我去问啥原因,胡悦微笑解答清:左眼点药是减压,右眼消炎现暂停。更有凤云韩护士,温柔耐心待病人,百事向求她不厌,受到人们极好评。别看小女郭慧玲,尽职尽责受人敬,出院交代面面到,白痴之人皆听清;雅丽护士虽然冷,但对病人是真心,隔壁病房放电视,马上立即叫安静。这里医生和护士,几句难以表得清;要想治好眼疾病,该院是您可靠人。见异思迁来治病,到头必然误病情,我父双眼快要瞎,几天以后父兴奋,感谢医生和护士,您们永远受崇敬!

最后,向爱尔眼科医院全体员工致以最诚挚的问候,您们辛苦了!

——吴报详儿:吴本营

若是失去光明，天空将不再清澈，眼中的世界将是迷茫的一片，追求光明是每一个人的权利。在爱尔眼科，每天都在上演这样的故事——"重见光明"。吴本营回忆起父亲住院期间的点点滴滴，顿时百感交集。他想用最淳朴的方式感谢合肥爱尔眼科医院所有医护人员，在父亲出院前夕，饱含深情地写下了这样的一首诗……

事件回顾

76岁的吴报详老人家住无为县，儿孙满堂的他，生活十分幸福。但随着年事已高，双眼越来越模糊，已看不清家人容貌，受眼病困扰多年。据了解，吴报详老人在3年前因双眼视力模糊就诊当地医院，被诊断为"双眼白内障、双眼青光眼"，医生建议手术治疗，但那时未予以重视。之后，左眼逐渐视物不清，后期右眼视物模糊加重明显，行走极其不便。家人意识到老人病情的严重性，遂下决心将老人眼病治好。之后，有亲戚因在爱尔眼科医院治好过白内障，故推荐了合肥爱尔眼科医院，家人果断决定带老人来试一试。

2015年6月23日，吴报详老人在儿子的陪同下来到合肥爱尔眼科医院，由白内障专科余绍军医生接诊。通过眼压、双眼B超、眼膜内皮镜等一系列检查后，初步诊断为"双眼原发性慢性闭角型青光眼（左眼绝期），双眼并发性白内障，双眼视神经萎缩，双眼角膜变性，双眼倒睫，高血压病"。由于病人情况比较特殊，且年龄比较大，余绍军医生和白内障专科刘勇院长、汪宁主任、李凯主任、刘帅帅医生等几名专家在五楼办公室进行术前会诊，最后确定为老人进行"右眼白内障超声乳化摘除+后房型人工晶体植入术+房角分离术"。

第二单元 职场文书

第一节 求职信

求职信是写给用人单位的专用文书,为各类求职者广泛使用。求职信写得好不好,直接影响着求职者能否获得和用人单位进一步接触的机会。

【考考你】

1. 小张是某师范院校应届毕业生,他在网上看到了一所学校招聘教师的启事。于是,向该校人事部门邮寄了一封求职信。求职信中的教育经历部分,从幼儿园到大学,他都进行了详细的介绍。你认为这样写有问题吗?为什么?

2. 晓红是正在找工作的应届毕业生,之前没有参加过工作。晓红听说求职信中要写工作经历,便为此犯愁了。如果你是晓红,你该怎么办?是回避不写,还是编造一些工作经历,或者还有什么更好的办法?

【文体知识】

一、概念

求职信也叫自荐信、自荐书或应聘书,是求职者根据自己的条件和意向,以自我推荐的方式向用人单位所写的用于谋求职位的专用书信。求职信主要表达求职意愿,并希望用人单位能够考虑并答复。

二、种类

求职信按求职者和求职对象的不同有以下两种分类方法。

1. 按求职者的身份分

（1）毕业生求职信 我国每年有大量高校包括各类高等职业技术学院的毕业生,这些应届毕业生大部分需要通过求职信去联系用人单位。

（2）待业、下岗人员的求职信 下岗人员、非毕业生的其他社会待业者大都也主要靠向用人单位发求职信的方式来获得工作岗位。

（3）在岗者求职信　已有工作岗位的人，由于不适应该岗位，或学无所用，或潜能得不到发挥，或为了谋求更好的职位，通过求职信向用人单位寻求新的工作岗位。

2. 按求职对象的情况分

（1）单位明确的求职信　求职者有确定的求职单位，求职信只是写给该单位。这类求职信也叫应聘信。它可以根据该单位的用人情况，目的明确地介绍自己的情况，达到用人单位的聘用要求。

（2）广泛性求职信　是指求职者无确定的求职单位，求职信是写给所有同类性质的单位的。这种求职信只能根据自己的专长和技能，结合用人单位通常的用人标准来进行写作。

三、特点

1. 自荐性　求职信就是求职者向用人单位自我推荐、打动用人单位的敲门砖，所以要求求职者有较高的自荐水平。

2. 针对性　求职信要针对用人单位不同岗位和职务的特点及要求来写，也要针对求职者自身的技能、特长、经历、业绩等，向用人单位展示自己的能力和优势。

3. 竞争性　求职会遇到激烈的竞争，要想成功胜出，就要在求职信中重点突出自己的优势。要扬长避短，信中一般不写自己的弱点和不足之处。

4. 真实性　求职信虽然要极力表现求职者的能力和优势，但要坚持实事求是的原则，多用事实说话，忌用华而不实的修饰语，更不能弄虚作假。当然也不需要过分谦虚，贬低自己。行文要恰如其分。

【例文评析】

例文一

求 职 信

尊敬的××公司领导：

　　您好！

　　我叫路×，××大学兽医专业2018届毕业生。怀着对农村和农业的热爱，我大学选择了兽医专业。在校期间，我刻苦学习，为成为一名出色的兽医而奋斗着。经过大学四年的学习，我不仅掌握了扎实的兽医专业知识，而且在思想、性格上也成熟了很多，在与人交往、团队合作等方面提高了很多。

　　在校期间，在学好专业课的同时，我还努力通过了国家英语六级考试，拿到了国家计算机考试三级证书，曾参加全国大学生电子设计竞赛，并获得一等奖的好成绩。此外，我积极参加班级、学生会和学生社团组织的活动，为同学服务，曾先后获得校级"优秀三好学生兼优秀团员""优秀学生干部""校广播站杰出工作者"等荣誉称号。

　　"天道酬勤""学无止境"，我相信有付出就有收获，也相信学习永远是进行时。

　　我真诚地希望加盟贵公司，应聘××部的畜产品卫生检验岗位。我将以饱满的热情勤奋工作，与同事精诚合作，为贵单位的发展尽自己的绵薄之力。感谢您阅读我的求职信，期待您的回复！

我的联系方式：××××××××××（手机号），zhongguoren@163.com（邮箱）。
　　此致
敬礼
　　附件：1. 等级证书复印件 2 份。
　　　　　2. 获奖证书复印件 4 份。

求职人：路×
2018 年 4 月 6 日

> **评析**：这是一封应届大学毕业生的求职信。格式规范，内容要点齐全，条理清晰。正文部分先说学习情况，再谈实践情况；学习情况中先说专业学习，再介绍英语、计算机等方面的学习，逻辑性较强。而取得的各类证书，获得的多项荣誉，更展示了求职者的优势。不过这篇求职信也有可以改进的地方，可以把专业学习情况介绍得更细致一些，如学习了哪些核心课程，掌握了何种专业能力。这样，用人单位会更清楚求职者的优势所在。

例文二

求 职 信

尊敬的××学院领导：

　　您好！

　　我叫冯××，是一个在职人员，来自××，现年 23 岁。一年前我从××大学教育系学校管理专业毕业，到本市市直机关幼儿园当了幼儿教师。本人在用非所学的岗位上工作了一年多，越发觉得这个职位发挥不出我的专业特长，同时我也对这个职业不太感兴趣，所以我渴望寻找一份自己感兴趣且能发挥自己所长的工作。

　　本人，擅长语文学科，高考语文成绩 132 分。大学在校期间，曾在省报发表过小说两篇，在光明日报发表过大学生暑假调查报告一篇，曾获学校硬笔书法比赛二等奖（正楷）。曾被市属×机关借调，任文员，积累了计划、总结、报告等多种文书的写作经验，为×副市长的电视讲话撰讲稿。另外，我的英语学科一直是强项，在中学和大学期间，成绩名列前茅。大三时曾在省级刊物上发表过翻译作品两篇，大四时通过了国家英语六级考试。

　　我自信能胜任秘书工作或外语公共课教学工作。

　　尊敬的领导，如果我有幸获得上述之一的工作，我的表现定不会让您失望。我自己也定将珍惜这来之不易的工作，努力做出自己的贡献。期待您的回复！

　　随信附有个人求职简历。

　　此致

敬礼

求职者：冯××
2018 年 2 月 20 日

> **评析**：这是一封在职人员的求职信。语言简洁，概括性强，重点突出。信中写出了换工作的原因。从学习、工作经历、所获证书和荣誉等方面突出了自己具有的专业素质和能力，让用人单位感到求职者能胜任相关工作。

例文三

求 职 信

我叫×××,男,今年30岁,大学本科学历,2008年6月毕业于××大学××学院××专业。在××出版社从事社科类图书编辑工作,多次被评选为单位优秀编辑。本人文字运用能力强,曾在多种文学杂志发表诗歌、散文20多篇,熟悉通知、总结、报告、调研等各类应用文体写作。现欲觅企事业单位文秘工作。

联系电话:134××××××××(手机)

2019年×月×日

评析: 这是一封广泛性求职信。信的内容简洁,要点齐全,表述明确、清晰。

【写作指导】

求职信一般由标题、称谓、正文、致敬语、附件和落款六部分组成。

1. **标题** 标题一般只写文种,如"求职信""应聘信"等。

2. **称谓** 求职信的称谓要根据实际情况来定,要顶格书写。如求职者不知读信人的姓名和职务,一般可以泛称"尊敬的领导"等;如果求职信是写给单位的具体负责人,可以在负责人姓名之后加上职务,如"尊敬的×××经理""尊敬的×××人事处处长"等。广泛性求职信可以不写称谓。

3. **正文** 正文一般包括开头、主体和结尾等部分。

(1) 开头 要写清求职的缘由,如写明是通过什么途径获得应聘信息的。用语要简明准确,引起对方的兴趣。应聘信需要有开头,一般求职信无须此项内容。

(2) 主体 包括三方面内容:①基本情况简介,包括姓名、性别、年龄、籍贯、学历、学位、健康状况、毕业学校、目前工作状况、有无技术职称等。②结合所求职务陈述自身优势,如是有工作经历者,重点写个人工作能力,业务专长,突出业绩;如是应届毕业生,则重点写在校学习情况,取得的技能证书,获奖情况,社会实践经历以及专业优势等。③表明自己的求职意向。

(3) 结尾 一般用诚恳的态度提出自己的愿望和要求,希望应聘单位给自己一个面试机会、盼望答复等,并告知对方自己的联系方式。

4. **致敬语** 一般写"此致""敬礼",也有写表示祝福之类的话,如"祝贵公司各项事业蒸蒸日上"等。

5. **附件** 求职信一般还会附上附件。附件资料包括个人简历和能够证明自己身份和能力的证书、成绩单、文章、推荐信等。附件内容可以在正文结尾处注明,也可以在致敬语之下标注,如"附件一:××××""附件二:×××(下一行相同地方写)"等。

6. **落款** 署自己的姓名和成文日期。一般在正文的右下方写"求职者:×××",在下一行的相同地方写上"××××年××月××日"。

> **特别提示**
>
> 1. 求职信内容要详略得当,中心要突出,有的放矢。围绕求职意向职位的具体要求,重点介绍自己的能力和优势。
> 2. 求职信语言要简洁、规范、流畅,严禁出现错别字。
> 3. 求职态度端正,措辞得体,语气不卑不亢。
> 4. 求职信可以手写,也可以打印。如果手写,书写务必美观,页面务必整洁。

【技能训练】

一、病文修改

★ 阅读下面这封求职信,指出其中的错误,并加以改正。

求 职 信

尊敬的领导:

  您好!

  感谢您在百忙之中审阅我的求职信!

  这个月以来,我的心一直像小鹿一样跳个不停,外面汹涌来的招聘信息让我心动。我爸爸是一名乡村教师,我舅舅是一名中学教师。长期的熏陶,让幼小的我便憧憬能成为一名优秀的教师,站在讲台上激扬文字,今天我怀着激动的心情向您毛遂自荐!我叫×××,是××大学××届英语教育专业的本科毕业生。我酷爱读书,特别是文史类,大部分中外名著(中英文版)都看过。这些书对我大有裨益:陶冶性情,丰富知识,开阔视野。这对我的教学工作大有帮助。

  通过四年的学习,我打下了良好的专业知识基础,系统地学习了各项知识技能和教学技能,具有准确、熟练的英语听、说、读、写、译的能力。大二上学期,我一次性通过英语六级;大二下学期,我一次性通过英语专业四级。由于突出的能力,在校期间多次荣获专业奖学金、三好学生、原声模拟优秀奖等,多门专业课成绩名列前茅!我爱好广泛,在摄影、书法、唱歌等方面均有特长。

  我有一定的实践经验。曾任寝室长,举办过一系列活动,寝室文化活动搞得有声有色。自大一以来我已经做了12份家教,其中以高中生居多。特别是20××年××月—20××年××月在北师大附中实习期间成绩优秀。

  经过四年的学习与实践,我有信心与能力胜任大中专院校及中学英语听、说、读、写教学。当然,我初涉世事,某些方面还不成熟,但我将正视自己的不足,并以自己的谦虚、务实、稳重来加以弥补,不断完善、充实、提高自己。我期盼能有一片扬我所长的天地,我将为之奉献我的青春、智慧与汗水!我家是教师世家,我热爱孩子,热爱教育,因为教育是育人的工程,所以,我非常渴望成为一名优秀的教师。尊敬的领导,请给我机会,我会以十分的热情、十二分的努力去把握它!谢谢您的慧目!

×××
××××年××月××日

二、写作实践

★ 假设你现在正在找工作，看到了一则用人单位的招聘信息，你很想应聘这个职位。请根据你个人的实际情况向这个单位投递一封求职信（应聘职位自定）。要求格式规范，要点全面，重点突出，层次清晰，语言简洁得体，正文不少于400字。

第二节 个人简历

个人简历是现代社会找工作的"必需品"，是成功走向职场的第一步。一份既重点突出、详略得当，又个性鲜明、富有创意的简历，必将为找工作助一臂之力。

【考考你】

1. 个人简历从格式上可以分为文字式简历和表格式简历。文字式简历主要通过文字叙述的形式展示内容，表格式简历主要通过表格的形式展示内容。你会用哪种方式写个人简历呢？为什么？

2. 小华的个人简历做得非常精美，她的同学小刚看见了，却不屑地说："做那么精美有什么用，人家用人单位看的是简历里面的内容，要的是'干货'。"你觉得小刚的说法对吗？为什么？

【文体知识】

一、概念

个人简历又称为履历，是求职者向用人单位发出的一份介绍自我情况的文书，对求职者的个人生活、学习、工作经历以及成绩进行概括和简要总结，包括姓名、性别、年龄、民族、籍贯、政治面貌、学历、爱好、特长、联系方式、求职意向、学习经历、工作经历和自我评价等个人基本信息。

二、种类

根据格式、载体的不同，个人简历有以下两种分类方法。

1. 按格式分

（1）文字式简历　个人简历的信息通过文字叙述的方式表现出来。这主要是相对于表格式简历而言的。文字式简历的优点是能彰显求职者的个性。

（2）表格式简历　个人简历的信息通过表格的形式展现出来。表格式简历的优点是简洁明了。

2. 按载体分

（1）纸质简历　个人简历的内容最终是用纸张呈现的。

（2）电子简历　个人简历的内容是通过电子文档等形式呈现的，即可以用Word、网页或Flash等制作呈现。

三、特点

1. **真实性**　个人简历是求职者的"名片",不管是个人的基本信息,还是学习和工作经历等都应该真实,不可以虚构编造。但简历内容可以根据求职需要进行选择和整合,突出求职者的优势和强项,对一些弱项或与所求职位无关的缺点和不足,可以少写或"空缺"。

2. **针对性**　在写简历时,要围绕应聘单位和岗位的特点及要求,组织简历内容,重点突出求职者在学业或工作上的成绩、经验和能力,让应聘单位觉得求职者出类拔萃,能很好地胜任应聘职位。切忌东拉西扯。

3. **简洁性**　个人简历在语言表述上需简洁明了,不能拖沓冗长。

4. **得体性**　措辞要大方得体,既不狂妄自大,也不妄自菲薄。

【例文评析】

例文一　文字式个人简历

个人简历

个人资料		
姓　名：李××	政治面貌：党员	
性　别：男	教育程度：本科	
出生年月：1993.4	毕业学校：××大学	照片
民　族：汉	专　业：计算机科学与技术	
籍　贯：甘肃兰州	健康状况：良好	
联系方式：151××××××××	邮政编码：××××××	
通信地址：××市××区××镇××村××号		
求职意向		
● 通信、网络等相关工作岗位		
学习经历		
★ 2008年9月—2011年7月	就读于××省××县××中学	
★ 2011年9月—2015年7月	就读于××大学××学院××专业	
主修课程		
● 通信原理、移动通信、光缆通信工程、光纤通信系统、程控交换		
● 数字系统与逻辑设计、数字信号处理、计算机网络		
校园工作及社会实践		
★ 2011年9月—2015年7月	担任班长	
★ 2014年9月—2015年3月	××公司××岗位实习	
所获荣誉		
★ 2012年	获××大学"优秀学生干部"称号	
★ 2014年	获××大学"我的一堂党课"演讲比赛一等奖	

技能及特长

◆ 熟悉 TCP/IP 协议、OSI 模型、路由和交换原理
◆ 大学英语四级
◆ 获 AutoCAD 认证工程师证书
◆ 熟练操作 AutoCAD、Word、Excel 等应用软件

自我评价

● 为人诚实，善于合作，作风严谨，责任心强

评析： 这是一份文字式个人简历，要素全面，重点突出，行文简洁。特别是在页面设计上有特点，让简历层次清晰，富有美感。

例文二　表格式个人简历

个人简历

姓名	王晓	性别	男	照片
民族	汉	出生日期	1983.11	
籍贯	山东 菏泽	政治面貌	群众	
身高	170cm	健康状况	良好	
婚姻状况	未婚	教育程度	硕士研究生	
毕业院校	××大学	专业	×××××××	
兴趣特长	写作	户口所在地	××市××区××派出所	
联系方式	××××××××××	邮编	××××××	
电子邮箱	××××××	通讯地址	××××××××××××	
求职意向	高校语文教师			
教育背景	1. 2005.9—2008.6　就读于××大学人文学院中国现当代文学专业 2. 2001.9—2005.7　就读于××大学文学院汉语言文学专业 3. 1998.9—2001.7　就读于××省××县第一中学			
主修课程	中国现当代论著导读、中国当代文学伦理学研究、中国小说叙事研究、中国现代散文史、20世纪中国文学批评史			
外语水平	1. 大学英语六级 2. 有较强的英语听说读写能力			
计算机水平	1. 熟悉 Windows，能够熟练使用 Word、PowerPoint 等 Office 软件 2. 熟悉互联网，能够有效地利用互联网资源			
工作经历	2008.7—2015.7　北京市××学校高中语文教师			
所获证书	1. 2003.11　获普通话一级乙等证书 2. 2004.9　获大学英语六级证书 3. 2005.11　获高级中学语文教师资格证书			

(续)

主要工作成果	1. 2011.4 在第四届"全国教师语言文字基本功大赛"中获得二等奖 2. 2011.4 论文《切不可把学生当大人看待——讲述我的教育故事》在第四届全国教师语言文字基本功大赛暨优秀论文评选活动中获得二等奖 3. 2014年第12期《北京教育》发表论文《构建中小幼一体化育人模式》
培训经历	2015.11 参加××区教委组织的青年硕士人才培训
自我评价	学习能力强,有创新精神;适应能力强,能吃苦耐劳;诚实谦虚,积极进取
补充	读研期间先后对先锋小说和陕西作家进行梳理和研究,特别是余华和贾平凹。硕士毕业论文为《超越的难度》

评析: 这是一份表格式个人简历。表格内容要点完整,格式规范,设计合理,文字简洁。针对求职意向,突出强调了求职者在教育和科研方面的专业素质和能力,其他和教育、科研无关的个人信息基本没有展示,做到了有的放矢。在"教育背景"一栏,时间采用倒序,最近、最高的学历放在最前面,以便让人事主管在最短的时间内获得最重要的信息。

【写作指导】

个人简历一般由标题和正文构成。

1. 标题　个人简历的标题一般是在页面上方居中写"简历"或"个人简历"。

2. 正文　个人简历的正文一般包括个人基本情况、求职意向、学习经历、工作经历、社会实践、成绩和荣誉、自我评价等。

（1）个人基本情况　主要包括姓名、性别、出生日期、民族、籍贯、政治面貌、学历学位、毕业学校及专业、身高、健康状况、兴趣爱好及特长、联系方式等。

（2）求职意向　写清楚可胜任的具体职位或具体领域的工作。

（3）学习经历　即教育背景,一般从中学写起。可以按时间顺序顺着写,从过去写到现在;也可以逆着写,先写现在,再反推过去。由于后者能在第一时间内传递给人事主管需要的信息,因此,这种写法更具有实用性。有的应聘者为了让招聘单位具体了解自己的学识构成和能力,还经常在学习经历之后写出自己大学期间所修的重要课程。

（4）工作经历　和学习经历类似,可以按时间顺序顺着写或逆着写。

（5）社会实践　指学习之外参与社会的实践性活动。特别是应届毕业没有工作经历的求职者,应该写好这部分内容,充分展现自己的专业和综合能力。

（6）成绩和荣誉　包括能证明自己能力和任职资格的各种证书,以及学习、工作和社会实践中获得的成绩和荣誉。

（7）自我评价　主要从求职者的思想、性格、工作态度、待人接物等方面进行评价。措辞要得体,既不能自我吹嘘,又不能过分谦虚;内容要简洁,不能过长,以两行左右为宜。

> ● 特别提示 ●
>
> 1. 行文应合乎语法要求，避免出现产生歧义的语句，避免使用过长的句子，不要出现错别字。第一人称"我"可以省略。
> 2. 简历内容很重要，但形式也起很大的作用。所以在设计制作简历时要尽可能精美、精致。
> 3. 个人简历务必突出"简"的特点，一张 A4 纸足够。
> 4. 个人简历，无论是文字式还是表格式，均需附有个人照片。

【技能训练】

一、病文修改

★ 阅读下面的个人简历，指出其中的错误，并加以改正。

个人简历

个人资料

姓　　名：×××		政治面貌：群众	
性　　别：女		教育程度：本科	
出生年月：1985.6		毕业学校：××大学	
民　　族：汉		专　　业：国际金融	
籍　　贯：北京昌平		健康状况：良好	

主修课程

国际金融学、货币银行学、国际贸易学、国际结算等

学习经历

2000 年 9 月—2003 年 7 月 就读于北京市昌平区××中学；

2003 年 9 月—2007 年 7 月 就读于××大学××学院国际金融专业。

技能及特长

大学英语六级

特许金融分析师资格证

熟练操作常用办公软件

工作经历

2007 年 8 月—2017 年 7 月 ××证券有限责任公司金融分析师。

所获荣誉

2012 年　获××证券有限责任公司"优秀员工"称号。

自我评价

本人自信开朗、乐观向上、踏实勤勉，沟通能力强，有较强的专业实践和管理能力、有创新精神。学习上，谦虚谨慎、不断创新是我亘古的选择；生活上，自制、自律，简朴有序、自力更生是我不变的追求；工作上，肯吃苦，认真负责、团结互助是我一贯的作风。

二、写作实践

★ 假如你是应届毕业生，请结合自己的专业和社会实践情况，制作一份个人简历。

第三节 述职报告

述职报告主要是下级向上级、主管部门向群众陈述任职情况，包括履行岗位职责，完成工作任务的成绩、问题和设想等，进行自我回顾、评估、鉴定。在提倡高效办公的时代，短期述职报告除了以文件形式，往往也使用其他多媒体形式来展现。

【考考你】

1. 关先生在公司市场营销部门担任主任一年了，年底公司副总让他提交一份述职报告。关先生业务能力很强，在自己的述职报告中将营销部门、销售部门、人力资源部门的工作业绩都写了出来，十分全面具体。结果提交之后却受到了领导的批评，你知道这是为什么吗？

2. 在人力资源部门主任岗位工作了一年的小李，年终需要提交书面述职报告。他因为工作繁忙，来不及整理，就从网上下载了一篇，将名字等信息稍作修改准备使用。你觉得他的述职报告能通过吗？为什么？

【文体知识】

一、概念

述职报告通常是指述职人陈述自己履行岗位职责的书面报告，主要作用是使上级领导或人力资源部门和群众细致地了解和评定其个人及其所在集体的成绩，预测其发展潜力，促使其忠于职守、更好地完成工作任务。

二、种类

述职报告的种类，可以从几个不同的角度进行划分，因此存在交叉现象。

1. 从内容上划分

（1）综合性述职报告　综合性述职报告是对一个时期内所做工作的全面、综合反映。

（2）专题性述职报告　专题性述职报告是对某一方面工作的专题反映。

（3）单项工作述职报告　单项工作述职报告是对某项具体工作的汇报。这往往是临时性的工作，又是专门性的工作。

2. 从时间上划分

（1）任期述职报告　任期述职报告是指针对任现职以来的总体工作情况进行报告。一般来说，这类报告涉及时间较长、涉及面较广，要写出一届任期的全部情况。

（2）年度述职报告　年度述职报告是一年一度的述职报告，即写本年度履行职责的情况。

（3）临时性述职报告　临时性述职报告是指担任某一临时性的职务，要写出其任职情况。

例如，负责了一期干部集训工作，或主持了一项训练改革，或组织了一项体育竞赛，报告履行职责情况。

3. 从表达形式上划分

（1）口头述职报告　口头述职报告指需要向本单位职工口头陈述的述职报告。

（2）书面述职报告　书面述职报告指向上级领导机关或部门报告的书面报告。

三、特点

1. 客观性　述职报告要实事求是地客观评价自己，不必自谦，也不能文过饰非。对自己的评价要准确恰当，有分寸，不言过其实，也不妄自菲薄。

2. 个人性　不同于一般的报告，述职报告特别强调个人性。主要叙述个人工作内容，总结成绩和经验，找出不足与教训，从而对自己的履职能力作出恰当的自我评价。不能进行旁征博引，以免述职效果适得其反。

3. 规律性　述职报告要写事实，但不是把已经发生过的事实简单地罗列在一起。它必须对收集来的事实、数据、材料等进行认真归类、整理、分析、研究。通过这一过程，从中找出某种带有普遍性的规律。

4. 通俗性　述职报告的语言要晓畅易懂，这样才能达到信息沟通的效果，才能拉近与听众的心理距离，才能取得较好的效果。

【例文评析】

例文

××校长述职报告

各位领导、各位同志：

大家好！

恍然之间，2019年过去了。回顾过去一年，作为学校校长，既有工作开展顺利取得成功时的喜悦和成就感，也有遇事不顺难事缠身时的困惑和愤懑，但总的说来，我还是比较称职地履行了工作职责。

过去的一年，教师进修学校继续快速发展，局面稳定，政通人和。全年非学历培训3000人次以上，学历培训近千人次；固定资产投资和设备维修费支出5万元以上，全年财政收支保持了平衡；没出现一起安全责任事故。在省、市师训系统取得了较高的知名度，并被评为"××省教师信息技术培训与测试先进单位"。之所以能够带领学校取得这些成绩，我主要是做到以下几点：

第一是开展活动，融洽人际关系。全方位的校内活动可以融洽人际关系。单位开展集体活动，是一种很好的教育方式，但应该目的明确，不能为了活动而活动，应该精心设计，通过活动有针对性地解决问题。作为校长，每开展一项活动，我都要思考为什么开展这个活动，要解决什么问题。

第二是脚踏实地，开拓创新。我认为作为学校领头人，既要做好眼前的工作，保证每一位工作人员都能安居乐业，又要认真谋划单位的可持续发展，形成与时俱进的发展动力。2017年，学校新招本专科学生157人，在生源日紧的情况下，取得这样的成绩是不容易的，作为个人,我完成了招生任务。教师培训方面,除了继续进行普通话和信息技术培训,还举行了小学骨干教师培训班 2 个、音体美短缺学科教师培训班 3 个、新课程理论研讨班 3 个、新教师培训班 1 个、第三轮继续教育培训班 5 个,协助组织中学教师继续教育培训班 6 个,全年非学历培训达 3000 人次以上。为了使全县校本培训有一个良好的开端,我们还协助教育局召开了全县中小学教师校本培训现场大会,无论会务的组织还是材料的准备,可以说我们倾注了大量精力,这次会议进一步推动和规范了校本教育培训,从现在的情况看,形势良好。对于建设新的教师学习与资源中心,在局领导及县委相关领导的大力支持下,取得了实质性进展。

第三是业务的拓展。今年进一步在扩大函授站的服务职能上下功夫,加强了和中央电视大学、湖南文理学院的工作联系,不断拓展函授学历覆盖面。进一步落实教职工年度招生奖励制度,任务到人,充分调动学校教职工的积极性,发动教职工下到各乡镇、各县直单位,走村串户,深入开展招生宣传,在成人教育生源日渐减少的情况下,我们完成了年初招生计划。

……

带得起头,才能说得起话。我始终认为,当一个称职的好领头人,不仅要说得好,更重要的是要做得好,时时处处当好标杆。在廉洁自律上,我能做到自加压力,主动争取监督,在学校人、财、物的管理上,做到决策和执行分开,管钱和管物分开;有时因特殊情况由我个人经手的费用,都按程序由纪检员审核,常务校长签报。每次报账,我都是主动将来龙去脉向相关人员讲清楚。

同时,我认为积极向上的工作状态上也很重要。干一行爱一行,始终保持高昂的精神状态,这是一个领头人应具备的基本素质。

以上是我的述职报告,请批评指正。

述职人:×××
2019 年××月××日

评析: 这篇述职报告全面阐述了自己履行岗位职责的情况,充分反映了自己在任期内的工作成绩和问题,实事求是地评价了自己的工作。报告中抓住了工作重点进行汇报,也突出了自己对领头人职责理解这个个性化的内容。事实材料依据充分,在师德教育、风气建设和开拓创新等方面都汇报了自己的工作实绩。

【写作指导】

述职报告由标题、称谓、正文和落款四部分构成。

1. 标题　述职报告的标题有两种形式:

(1) 单行标题　"述职报告"或者"在……(上)的述职报告"。

(2) 双行标题　正题写主题,或者写述职报告类型,副题写述职场合。例如:"继往开来,与时俱进,全力以赴向国家级示范性高中冲刺——在××中学第二届教职工代表大会第四次扩大会议上的述职报告""政府工作报告——2017 年××月××日在第十一届市人民代表大会上的报告"。

2. 称谓　称谓是报告者对听众的称呼,需要根据会议性质及听众对象而定,如"各位领导、代表""董事长、总经理及各位主管"等。或者如一篇在教职工代表大会上述职报告的称谓:"尊敬的各位领导、来宾,全体教职工代表,全校教职工同志们"等。

称谓采用顶行的写法,位于标题之下正文前面,有时根据需要在正文中间适当穿插使用。称谓后面要用"大家好""下午好"等礼貌语言。

3．正文 述职报告的写法依据报告的场合和对象而定,一般均采用总结式写法,可分四部分。

（1）基本情况 履行职责的基本情况要平直、概括、简短。用最精练的文字,概括交代,如主要情况、时间、地点、背景、事件经过等。

（2）成绩经验 述职报告要充分反映出自己任期内的真实成绩,写出自己在岗位上办了什么实事,工作效率如何,完成任务的情况,取得了哪些具体效益等。写成绩经验时,应遵循以下三个原则:

1）要以事实和材料为依据。对以往的工作实践进行回顾、分析,因此以往工作实践中所发生的事件是写作的唯一依据。事件材料必须真实可信,数字要准确可靠。背景材料要有辅助性,能与事实形成鲜明的对比或者烘托。

2）要点面结合,重点突出。写述职报告时应认真总结出限定时期内的工作重点,抓精华、找典型,突出这段时期工作中富有典型意义的事件,抓住主要矛盾,这样的述职报告才不会千篇一律,才会确实具有指导意义。

3）要分析事实与材料,找出规律。写述职报告时要把已知的材料分门别类地进行分析、比较、鉴别,把零散感性的事实与材料上升到理性的高度,引出让人看得见、摸得着、用得上的规律。

写述职报告切忌仅是简单地罗列事实,没有分析与归纳,这样的述职报告仅仅只是一篇汇报材料而已,只能作为资料收藏,对实践工作毫无指导意义。

（3）问题教训 除了成绩经验,述职报告也必须客观面对工作中的不足和疏漏之处,要实实在在,不要避重就轻。

（4）今后计划 包括目标、措施和要求三个要素。这部分内容字数应少一些,占全文1/5左右为好。报告结束时要用礼貌用语,如"以上述职报告妥否,请予审议。谢谢大家!"

4．落款 述职报告的落款要写述职人的姓名及单位名称,最后写日期。

---- ● 特别提示 ● ----

1．述职报告不等同于总结。总结要回答的是做了什么工作,取得了哪些成绩,有什么不足,有何经验、教训等;述职报告要回答的则是职责所在,履行职责的能力如何,是怎样履行职责的,称职与否等。

2．述职报告在表述上要处理好叙述和议论的关系,应以叙述为主,把自己做过的工作实绩写出来。不要大发议论,只需对照岗位规范,根据叙述的事实引出评价即可。

3．抓住重点,突出个性。如果做口头报告,一般宜占用30分钟;如果做书面报告,一般以3000字以内为宜。因此表述的内容应抓住重点,抓住最能显示工作实绩的大事件或关键写入述职报告。

4．述职报告的语言要庄重、朴实,评价要中肯,措辞要严谨,语气要谦恭,尽量以陈述为主。也可写一些工作的感想和启示,但不能用描写、抒情等表达方式,更不能使用夸张的语言。

【技能训练】

一、病文修改

★ 阅读下面某行政总监的述职报告选段,指出其中的错误,并加以改正。

……

预算报告到了美国,没有获得批准。地产部那里答复说,预算报告没有使用公司全球通用的格式,写得太简略,缺乏必要的数据分析,而且,没有按正常步骤来考虑这个项目中的各个环节的关联性。

美国地产部总监罗斯质疑说:"DB 中国一方面报请装修,另一方面,却尚未办妥租约的续签。假如续约的价格太高,则应该考虑换一个写字楼,而不是在没有谈好续约的前提下,贸然地决定对现有场地的装修方案。而且,有一个潜在风险,就是业主说不定根本不同意把物业继续租给 DB,或者,业主看到 DB 已经在装修上下了投资,就在租金上来个坐地起价,DB 将会陷入被动。"

罗斯进一步提出:关于为什么 DB 中国总部需要 4500 平方米办公面积,报告中没有数据支持。在未来三年内,这个办公室里,将会有多少员工在里面办公,为什么是这么多人,都没有在申请报告中提及。我们首先得搞明白我们为什么需要多大的一块面积,才能避免租的场地太大或者太小。

……

二、写作实践

★ 阅读下面两则材料,根据要求写作。

1. 杜小姐在某电器公司产品部任主任一年,这一年时间里,她带领部门同事完成了海外产品考察、国内用户调查、原有产品改进、新产品设计研发等工作,成绩斐然。请你根据实际情况,帮她整理一份述职报告。

2. 请根据你自己本人所从事的工作,以一年为期限,撰写一份述职报告,字数在 3000 字以内。

第四节 电子邮件

当下是快速发展的时代,人们对信息交互的效率和容量要求都在提高。电子邮件极大地满足了大量存在的通信需求,它可以是文字、图像、声音等多种形式。电子邮件的存在极大地方便了人与人之间的沟通与交流,促进了社会的发展。

【考考你】

1. 王某是某猎头公司的一名新员工,他根据公司内部信息,了解到某公司人力资源部经理有离职跳槽意愿。于是他给对方写了一封电子邮件称自己掌握对方全部信息,并有意愿为对方介绍新的工作。并且在邮件中承诺对方,假如接受了自己的推荐,年薪一定能上浮 20%。

你觉得他的邀约能成功吗？为什么？

2. 学生张某向班主任请假，电子邮件上这样写道："我因生病，请假两天，并且作业不能按时上交，申请延时。谢谢！"你认为该内容合乎电子邮件的写作要求吗？为什么？

【文体知识】

一、概念

电子邮件是指用电子手段传送信件、单据、资料等信息的通信方法，是一种用电子手段提供信息交换的通信方式，是互联网应用最广的服务之一。

二、种类

职场中的电子邮件一般分为两种：一种是与本单位外部进行商务沟通的电子信函，一种是本单位内部职员之间或者职员与领导之间沟通工作事务的电子信函。

三、特点

电子邮件综合了电话通信和邮政信件的特点，它传送信息的速度和电话一样快，又能像信件一样使收信者在接收端收到文字记录。简单来说，即传播速度快、非常便捷、成本低廉、交流对象广泛、信息多样化、安全性较高。

【例文评析】

例文一

尊敬的××先生/女士：

您好！

在 B2B 网站上看到贵公司的信息和采购需求，想咨询一下您是否有意向和我公司合作。

请允许我自我介绍一下：南京××××有限责任公司，是海信商用收款机江苏总代理。主营海信商业 POS 机、餐饮一体机、手持 POS 机等。相关配件的合作伙伴都是国内外知名厂商：梅特勒－托利多条码电子秤、NCR、PSC、Zebra、Symbol、Argox、Metrelogic 系列条码设备。

……

冒昧通信，以期待与您建立业务关系，希望能够有助于您的收款需求！

感谢您的关注，祝生意兴隆！

更多产品详见：（网址）
更多产品了解：（QQ）
电话：8830××××
地址：××市××区×××路××号

叶××

评析：这是一封商务联系的电子邮件，措辞也较为正式。清晰而礼貌地表达出自己的合作意愿，同时在邮件中也附加了更多的产品信息，以便对方深入了解。同时也留有详细联系方式，以便对方用其他方式与自己联络。

例文二

Dear Susan,

　　When you are not feeling well, the following suggestions may be suitable for you：

　　1. Go outside! Do something active. For example, take a walk, go swimming, or just lie on the grass and watch clouds pass.

　　2. Do something you're good at! If you love to sing, then go to turn on some music and sing loudly!

　　3. Start a diary. Write down your thoughts, dreams, problems or anything you want!

　　In all, if you want to feel well about yourself, you must believe in yourself!

　　Best wishes!

　　Yours

　　Mike

评析：这是一封以常用格式写作的英文电子邮件。内容是对接收人的鼓励和建议，用序号列出，条目非常清晰，使收件人对信息一目了然。结尾处使用礼貌问候语和英文常见落款形式，周到而得体。

【写作指导】

　　撰写电子邮件有三种方式：写邮件、回复邮件和转发邮件。

　　三种方式各有所长，但在撰写格式方面都一致分为四部分：收件人、抄送、主题和内容。

　　1. 收件人　需要注意两个事项：

　　1）确认电子邮件的收件人，并将人数降至最低。

　　2）传送电子邮件之前，确认收件人是否正确，以免造成不必要的错误。

　　2. 抄送　在必要和确定的情况下，抄送给相应需要知道信息情况的人员，一般情况下不要抄送给普通客户。确认抄送信息的对象，并将人数降至最低。

　　3. 主题　电子邮件一定要注明主题，因为有许多网络使用者是以主题来决定是否继续详读信件的内容。主题要明确、精练，与内容相关，表达出对方需要了解的信息，且是可以区分对同一事物的不同信息。让人一望即知，以便对方快速了解与记忆。

　　4. 内容　在线沟通，讲求时效，所以电子邮件的内容应简明扼要，力求沟通效率。称呼、正文、结尾、落款/签名四点要尽量完整，有的邮件还需要发送附件。

　　（1）称呼

　　1）如果有收件人的姓名，可以让对方感觉更加友好。

　　2）若知道对方的性别可以用：××先生、××小姐、××女士。

　　3）如果知道对方的身份可以用：××总经理、××经理、××董事长、×总、×董、

×经理。

不要认为和对方很熟悉就在给对方的邮件中不写称呼,因为不加称呼是商务信函之大忌,是没有受过正规商务信函培训的表现。另外,对于需要群发的邮件也不例外,也需要加有称呼,如"各位同仁""各位专家""各位领导"等。总之,一份彬彬有礼的商务信函是从称呼开始的,这绝对是良好人际交往的第一步,是最基本的商务礼仪。

(2)正文　正文应语言流畅、内容简洁。如果回复的邮件或者写的邮件事情既多又复杂,一定要用数字1、2、3按条标出来,一个数字条目回答一个问题,或者写一个类型的问题,写清晰,以免遗漏或者遗忘引起误会。另外,正文的格式也值得注意,例如商务上的邮件往来,就需要比较正式,全文尽量不要用超过两种字体和颜色,并且段落分明,条理清晰。应注意以下问题:

1)不要在信件中发泄不满。
2)回复信件时,有必要加上部分原文,以方便对方了解回信内容。
3)若摘录的原文很长,应先把回复内容放到前面,原文内容在后。
4)在收件人明白其意时,才可使用俚语或缩写。
5)如果有附件,应该在正文处说明附件的内容和用途。

(3)结尾

1)如果可提供更好的选择,应在结尾处提出,如:请您考虑,有任何需要咨询,请电话或 E-mail 联系我。
2)好的结尾要着眼未来,如:希望我们能够达成合作。
3)结尾应显示诚恳,如:感谢您抽空洽谈。

(4)落款/签名　落款在商务信函中是非常重要的,一个受过商务礼仪培训的人不会忽视这个环节。发送一份不署名的邮件,这在商务礼仪上属于一种不礼貌的行为。另外,在邮件的结尾,加上一句"谢谢""拜托""祝大家周末愉快"等语言无疑是一种涵养和礼貌,所谓"礼多人不怪"就是这个道理。一个彬彬有礼的人,不仅领导喜欢,同事喜欢,客户自然也会欣赏。

(5)附件　有很多人在发出邮件后,经常发现忘记了将附件加上了,有的甚至发错了附件。因此,如果需要发邮件,事前将要发的附件的最新版本单独放在一个文件夹中,并在发邮件前,仔细检查一下是否加上了附件,再点击发送键。

● 特别提示 ●

1. 写电子邮件时,需要保持冷静的头脑。工作生活中,与他人沟通并不都是轻松愉快的事,千万不要在电子邮件中流露出负面情绪。因为电子邮件是可以保存的,这样的信可能给你带来不必要的麻烦。

2. 写邮件时,文字的细节也需要注意。一个没经过检查的邮件,如果错字连篇,对客户也是一种不礼貌,从而影响到个人或者公司形象。

3. 如果是写商务邮件,一定要规范用词,以示礼貌和尊重。如果过于口语化,会给客户造成非常不好的印象,带来不必要的困扰。

【技能训练】

一、病文修改

★ 阅读下面这封电子邮件,指出其在格式和措辞等方面的错误,并加以改正。

X 经理/总:

  我代表我公司跟你联系。

  我是××××公司的×××(职位)的×××(姓名),今天将您所感兴趣的我司产品报价及相关介绍发送给您,请您查阅!

  如果邮件中有任何不清楚的地方或者您需要我们提供任何帮助,请您联系我,电话:**********,或联系×××(该客户的具体主管以上负责人)手机号:××××。恭祝商祺!

李××

二、写作实践

★ 阅读下面两则材料,根据要求写作。

  1. 小李是一家公司的采购员,公司需要大批量采购海尔公司的冷暖式空调。主管让她与附近的门店进行初步沟通,看是否能获得大客户采购的优惠,假如不能,也希望能通过其他方式获得一些优惠活动。假如你是小李,你如何撰写这封电子邮件?

  2. 康同学是一名在澳大利亚留学的学生。她在期末完成心理学这门课程的结课论文期间,因在学校勤工俭学工作中意外摔伤,于是她根据学校要求准备向导师发送一封电子邮件,说明情况,并申请论文延期两个星期上交。请你尝试帮她写这封电子邮件。

第二单元 | 相关链接

☆ 这些都可能让你错过一个 Offer

- ◆ 有缺陷的简历或求职信
  - ◎ 出现错字别词
  - ◎ 不附照片或照片模糊
  - ◎ 揉皱或折角
- ◆ 投递简历后到面试前的疏忽大意
  - ◎ 未能保持联络畅通
  - ◎ 对面试时间和地点挑剔
  - ◎ 不记录面试时间地点
- ◆ 招聘会上不当的言谈举止
  - ◎ 言谈中透露出犹豫或不自信
  - ◎ 和好友同时应聘同一个职位
  - ◎ 请别人代为投递简历
- ◆ 面试过程中的不足或失误
  - ◎ 面试服饰妆容不合适
  - ◎ 面试不准时,无故失约
  - ◎ 带人陪同自己面试

☆ 网络申请中让 HR 不快的小细节——不写应聘职位

尽管招聘启事上都写着"请在邮件主题中注明应聘职位",仍有相当数量的应聘者不写应聘职位。极个别应聘者在回复邮件询问所应聘的职位时,反问:"你们这里有什么职位呢?"应聘的结果可想而知。

☆ 求职信写作的四大误区

误区一:陈词滥调

【示例】"我是一名大专毕业生,有十几年的知识积累和多次的实践经验,我已充足电量,整装待发。希望领导给我一次机会,我将竭尽所能完成领导下达的各项任务,为公司的事业贡献我的微薄之力,为公司的美好明天添砖加瓦。"

误区二:吹嘘之嫌

【示例】"本人待人真诚谦和,稳重大方,诚实守信;做事严谨认真,能够独立工作,思想成熟,应变能力强,具有很好的工作意识,勇于挑战困难;具有很强的团队协作精神,很强的自学和适应能力,有很强的可塑性;做事井井有条,按部就班,能够认真完成每一项工作。"

误区三:华而不实

【示例】"给我一个机会,我将还您夺目的光彩;给我一个机会,我将还您一个惊喜;给我一缕春风,送给您的将是整个春天;给我一个舞台,送给您的将是一片精彩。希望能给我一个展现自我的舞台,给我一片阳光,我就会灿烂……"

误区四:言过其实

【示例】"在任何岗位上我都会要求自己:做人心宽,做事心细;做人讲品格,做事讲风格;做人有'悟',做事有'度';做人有进取心,做事有责任心;无论做人还是做事都以公司的利益为重!"

☆ 5 年投 950 封求职信 脑性麻痹男子终于找到工作

5 年投 950 封求职信,脑性麻痹男子终于找到工作!来自英国的 23 岁男子史蒂芬斯因为患有脑性麻痹,5 年的求职路相当坎坷,一共寄出了 950 封求职信,都惨遭拒绝。在他心灰意冷的时候,连锁超市 ASDA 决定录用他当收银员,并且一周工作两天。但他还是认为,社会给予身障者的机会与福利还是不够。

☆ 述职演讲的七大禁忌

第一,"嗯"和"呢"等语气词都是用于过渡的语气词,在日常对话中并无大碍,但是在述职演讲时,这些词就会变成一种干扰。要想改变这个习惯,你可以用停顿来代替这些词。开始的时候,你也许会觉得冷场,但是停顿能起到另外一种作用:那就是当场面安静下来的时候，所有人的目光就会投向你。

第二，小动作。当你重复做某种动作时，会给观众带来困扰。不停地搓手，或者把手插入口袋又拿出来，这都是述职时紧张的表现。这些小动作都会分散观众的注意力。所以，在台上一定要尽量避免这些给自己减分的动作。

第三，背对观众。你一定要尽量避免背对着观众，否则会让观众产生反感之情。如果你需要看自己的幻灯片，也要尽量保持面对观众。

第四，重复。有时你会重复说某些话，例如，"这个是关于……""接下来……""现在我们要……"等，这些话都是为了引出下文。要表达同一种意思，总能找到不同的方法，但是首先你要认识到自己的哪些用语是多余的，尽量简洁表达。

第五，缺乏眼神沟通。你的眼睛看着哪里？如果述职者是新手，那么他会看着自己的鞋子，或者盯着某位观众，或者看着空旷的地方。其实，你至少可以看着观众席的后排，这样观众就会认为你正在看着其他的观众。最好的眼神交流是在不同的时间看不同的地方，扫视观众以达到自然的效果，即使你只是装出来的自然，那也比不自然好。

第六，表现得不自然。表现得体会使观众关注述职演讲。如果你一直盯着演讲台前的投影仪，担心它会掉下来，那你就会表现得不自然了。如果你觉得述职演讲时穿西装会不舒服，那就不要穿，但是一定要确保自己的衣着展现出对听你述职演讲的人的尊敬。一定要做那些能让你表现得自然得体的准备工作。如果你屏住呼吸，讲话没有停顿，不给观众思考的时间，那么不论你如何否认，你的表现都是不自然的。

第七，缺乏激情。即使你的述职演讲平淡无奇，如果你表现得富有激情和热情，就会发现还是有不少听众愿意倾听。然而，很少有人能讲得富有激情。述职者自以为讲得很有激情，但在观众看来，他们只是表现平平。想想如何在保持自己特点的基础上，再加入更多的激情。

第三单元　事务文书

第一节　计划

"凡事预则立，不预则废"。制订计划是事前对集体或个人的工作、学习及各项活动做出部署。大到国家，小到个人，学会制订计划，并付诸实践，是做事成功的前提和保证。

【考考你】

李××是某学院园艺系学生会主席。9月1日是学院新生报到的日子。李××拟写了一份迎接新生方案，要求园艺系学生会成员全部参加当天迎接新生工作。但是他没有写每个人负责的岗位和具体职责。你觉得这样的方案具有可行性吗？如果按照此方案去执行，有可能出现什么情况？

【文体知识】

一、概念

将工作、学习之前的安排和打算形诸文字的应用文体叫计划。机关单位制订计划，既要根据党和国家的方针政策及上级指示精神，体现出政策性，又要结合本单位、本部门的实际情况，具有可行性。计划要告诉人们"做什么""怎样做""什么时间完成"。

二、种类

计划的分类方式很多，按内容划分，有工作计划、学习计划、生产计划等；按范围划分，有单位计划、个人计划、局部计划、整体计划等；按时间划分，有月度计划、季度计划、年度计划等；按写作形式划分，有条文式计划、表格式计划等。

计划的名称也因时间长短、内容详略、制订的规模大小有所不同。不同性质的计划，可以称为规划、安排、方案、要点等。

三、特点

1. 针对性　计划是根据党和国家的方针、政策和有关法律法规，针对本系统、本部门的实际情况制订的,目的明确,具有指导意义。

2. 预见性　计划是在行动之前制订的,它以实现今后的目标,完成下一步工作和学习任务为目的。

3. 可行性　可行性是和预见性、针对性紧密联系在一起的,预见准确、针对性强的计划,在现实中才真正可行。

4. 约束性　计划一经通过、批准或认定,在其所指向的范围内就具有了约束作用,在这一范围内,无论是集体还是个人都必须按计划的内容开展工作和活动,不得违背和拖延。

【例文评析】

例文一

第五学习小组 2019 年上半年英语四级考试复习计划

学院英语教研室要求大三的学生,必须参加国家每年一次的英语等级考试,取得四级英语合格证书。我们小组为了完成英语考试任务,取得优良成绩,特制订如下复习计划。

一、任务和要求

第一阶段:1 月 25 日~3 月 31 日完成以下学习任务。

1. 阅读完《大学英语》1~4 册所有篇目,完成 6500 个单词的读写。

2. 背诵 50 篇小例文,并写作 15 篇小作文,采用小组互相检查、互相判阅的方式提高阅读和写作质量。

3. 快速阅读英语读物 60 篇,并能进行流畅笔译。

第二阶段:4 月 1 日~4 月 30 日完成以下学习任务。

1. 进行 3~4 次模拟测试,采用组内相互监考、阅卷的方式。

2. 复习《大学英语》1~4 册的语法部分,巩固强化对 6500 个单词的记忆。

3. 进行听力与阅读训练,由浅入深,由易到难。

第三阶段:5 月 4 日~6 月 10 日完成以下学习任务。

1. 对语法、听说、写作各部分全面复习,针对薄弱环节进行小组自测。

2. 有针对性地训练应考技巧。全组对考试中可能出现的问题进行研讨,拿出对策,准备考试。

二、措施与步骤

1. 阅读采用记笔记的方法,由组长进行阶段检查并相互学习。

2. 阅读英语读物,做到每人每天两篇,读物的种类由个人自选;完成阅读后,小组成员之间也可以相互交换英语读物,以便增大阅读量。

3. 小组整体完成模拟测试后,要做到查漏补缺,成员之间可以取长补短,交流提高。

4. 要把听力作为难点来突破,对听力较差的组员,小组要加以帮助,促进其听力水平的提高。

5. 应考技巧重点放在阅读、写作上,要以练为主,及时总结。

6. 5 月以后,每两周举办一次复习交流会,请测试中成绩好的同学介绍经验体会。

以上计划,要求在 2019 年 6 月 10 日完成。

××系××班 第五学习小组
2019 年 1 月 20 日

评析：这篇例文标题使用了四项式标题。前言写出了制订计划的依据和目的。主体部分按照任务和要求、措施与步骤两大部分来安排。其中任务和要求按照时间分为三个阶段，每个阶段的任务和要求各有不同，表现出时序性。落款写明计划制订人和制订的具体时间。

例文二

北京市高等教育自学考试 2019 年工作日程表

提示：这里公布的只是计划安排，实际工作中可能会略有调整。

本安排仅供参考。有关工作的具体时间请考生务必关注本网站发布的相关通知。

时　间	工 作 内 容
一月	
4～24 日	咨询接待（工作日）
16 日	各区自考办陆续发放毕业证书，具体时间以毕业初审时凭单规定时间为准
31 日前	公布 4 月自学考试报考通知
二月	
13～28 日	咨询接待（工作日）
20～28 日	考籍办理（周二、周四，节假日除外）
三月	
1～31 日	咨询接待（工作日）、考籍办理（周二、周四，节假日除外）
1～20 日	2018 年 11 月证书考试成绩发布及复核处理
1～9 日	4 月自学考试网上报考
7 日	4 月自学考试新生现场确认
17～23 日	学位网上申报、缴费、采集照片
20～25 日	5 月非学历证书考试网上报考
24 日	5 月非学历证书考试现场确认
四月	
1～30 日	咨询接待（工作日）、考籍办理（周二、周四，节假日除外）
15～23 日	4 月自学考试笔试课程考试
中下旬	整理并发放 2018 年 9 月申办的学位材料及学位证书
五月	
1～31 日	现场咨询接待、考籍办理（周二、周四，节假日除外）
21～22 日	5 月非学历证书考试
六月	
1～30 日	现场咨询接待（周二、周四，节假日除外）
8～15 日	考籍办理（周二、周四，节假日除外）
9～20 日	4 月考试网上成绩发布及复核处理
七 月 ～ 十二月（略）	

评析： 这是公布在北京教育考试院官方网站上的一份非常典型的表格式计划。这份表格式计划的标题使用了完整的四项式标题。正文部分省略了前言和结尾。主体部分用表格式安排出全年十二个月的事项。内容明确具体，一目了然。表格前后的"提示"和"注"补充说明考生关心的有关事项。落款写明发布日程表的单位及发布时间（例文中部分内容略）。

【写作指导】

计划的结构由标题、正文和落款三部分组成。正文部分分为前言、主体和结尾。

1. **标题** 计划的标题通常有两种写法：四项式标题和简略式标题。四项式标题的写法是单位名称、时限、事由、文种四个项目依次写出，如"第五学习小组2019年上半年英语四级考试复习计划"。简略式标题的写法是省略四项式标题的第一项或前两项，如上面所举的例子可以简略为"英语四级考试复习计划"。简略式标题更适用于个人制订的计划，如"学习计划""周日生活安排"等。

需要经过讨论或上级批准才可以定稿的计划，要在标题之后或下一行加注"草案""讨论稿""初稿"等字样，并用括号括上。

2. **正文**

（1）**前言** 写出制订计划的依据，或根据哪些方针政策或上级的指示精神，有的要写明目的、意义等。例如例文一的前言，"学院英语教研室要求大三的学生，必须参加国家每年一次的英语等级考试，取得四级英语合格证书"，写出了依据；"我们小组为了完成英语考试任务，取得优良成绩，特制订如下复习计划"，写出了目的。

（2）**主体** 包括目标和任务、措施和办法、步骤和时限。

目标和任务：这部分写明所要达到的目标指标和具体要求，包括数量和质量上的要求等。也就是要说明"做什么""做到什么程度"的问题。一般是分条叙述，目标明确，任务具体。

措施和办法：这是完成任务的保证。详细说明应做的具体工作、采取的措施，运用的方法，人力、物力、财力的分配问题等，也就是说明"怎样做""什么人做"的问题，这部分要明确、具体、可行、得力。

步骤和时限：这部分应明确工作的先后顺序，先做什么，后做什么，分几个步骤去做，在规定的时间内完成，也就是说明"什么时间做""什么时间完成"的问题，要求主次分明，重点突出，安排合理有序。

主体部分的结构有两种形式：一是任务和措施的并列式结构，即每项任务都有具体的相应措施支持；二是任务和措施的分说式结构，在写作中先提出若干项任务后，再叙述具体的措施，即这些任务需要共同的措施来完成。例文一就属于第二种形式。

（3）**结尾** 一般包括应注意的事项，要说明的问题，提出希望、发出号召或表明计划制订者的信心、态度。结尾部分可以省略。

正文部分如采用表格式，通常省略前言和结尾，用表格式列出主体的内容，如例文二。

3. **落款** 写明制订计划的单位和制订日期。如标题中已写明单位名称，落款中可以省略。

> **特别提示**
>
> 1. 以方针政策为准则，以实际情况为出发点。单位计划既要体现出政策性，又要实事求是，切实可行。
> 2. 科学合理的预测，周密细致的考虑。制订一个可行的计划，要对掌握的情况认真分析，经过科学的考证来确定行动的步骤。
> 3. 实践中经受检验，执行中不断修正。计划在学习和工作中变动的情况时有发生，因此，执行中应不断检验计划的合理性，修正计划中的缺陷，完善计划中的方法、步骤和措施。

【技能训练】

一、病文修改

★ 下面《文学作品阅读与写作计划》的主体内容混淆，毛病出在哪些地方？经过分析整理，请重新写出。

《文学作品阅读与写作计划》主体：
1. 提高阅读能力，达到对文章段落分析正确的目的。
2. 每天阅读一篇散文，一首诗歌，并作好笔记。
3. 阅读中遇到问题，要虚心向老师和同学请教。
4. 通过阅读，半年之内要提高写作能力，能写出有质量的散文，在学生会《文学天地》中要发表2—3篇习作。
5. 要做到每天积累词汇，进行摘抄，每月词汇积累不少于300个。

修改要求：第一：从以上内容中，分出"任务和要求"与"方法和措施"两个层次。第二：使用序号，对这两个层次的条目作出安排。第三：必要时可以对内容添加补充。

二、写作实践

★ 阅读下面两则材料，根据要求写作。

1. 同学们，回忆一下你当初来到新的学校报到时，需要办理哪些报到手续？请你以你所在的系学生会主席的名义，拟写一份表格式迎新方案，要求本系学生会成员全部参加迎新工作。内容要明确、具体，写明活动的时间、地点，每个人负责的岗位、具体职责及其他注意事项。

2. 根据下面的提示制订一份条文式计划。也可另选内容。

每月的消费计划；宿舍卫生工作计划；体育锻炼计划；合理上网计划；计算机、英语、行业证书的考级计划；××科目的复习计划；专升本的学习计划。

第二节 总结

总结是把感性认识提高到理性认识的一种常见的应用文文种。因此，单位和个人都需要写总结来提高工作、学习的效率，积累经验。

【考考你】

大学生小李利用暑假时间去一家餐厅打工，打工结束后写了一份打工总结交给了老师。但是老师说小李的总结中，没有摆正自己的位置，对自己及社会的评价没有做到客观公正，流露了过多的负面情绪，是一篇失败的总结。那么，写总结应注意哪些事项呢？

【文体知识】

一、概念

对单位或个人已经完成的工作、学习等情况，进行回顾、检查、分析和评判，从而得出规律性的认识，写出有理论深度的书面材料，用以指导今后的工作、学习，这种应用文体叫总结。一般情况下，总结是计划执行之后得到的结果，告诉人们"做了什么""是怎样做的""结果如何"。

二、种类

总结的分类方式很多，根据不同的分类标准，可以划分为以下几种：按内容划分，有工作总结，学习总结，生产总结，思想总结等；按时限划分，有年度、季度、月度总结，有学期、阶段总结；按范围划分，有个人总结，单位、部门、集体总结等；按性质划分，有专题总结，综合总结等；按结构形式划分，有逐段展开式总结、条目式总结、小标题式总结等。

三、特点

1. 自身的实践性　总结的内容是写本人或本单位、本部门真实做过的事情，不能虚构，也不能让他人代写。总结的人称只能使用第一人称。

2. 高度的概括性　总结不是事无巨细地记"流水账"，把某一时期所做的事情一一写出，而是在有限的篇幅内，选择最能说明问题的材料，进行有点有面的叙述，必要时还需简要的评议。总结的内容也许是几个月所做的事情，也许是几年来的成果，甚至是更长时间中积累的经验。

3. 较强的理论性　总结不仅要陈述情况，更重要的是，要对这些情况做出合理的分析、深刻的检查、确切的评判，把感性的材料上升为理性的认识。提炼出实践活动的精华，并揭示事物的规律性，用以指导今后的工作和学习。

【例文评析】

例文一

以己任为天下

——个人工作、生活总结

我是一名高职院校的普通教师，也是一名共产党员，在自己平凡的工作岗位上做了一些自己应该做的事情，党和人民却给了我很多的荣誉，我多次获得"共产党员示范岗""优秀教师""师德标兵"等光荣称号。今天，我把我的一些心得体会与大家分享。

用爱心温暖学生

我多年来一直担任班主任，学生中有很多来自京外，节假日时，我会邀请他们来我家吃饭聊天，让他们感受到家的温暖。我的手机一天24小时为学生开着，如果有学生生病需要去医院，只要我有时间，一定亲自带他们去，也多次垫付过医药费。对于病情不重、在宿舍休息的学生，我一定买上水果、牛奶去探望。得知个别学生有心理问题时，作为一名具有专业心理咨询师执业资格的老师，我发挥我的特长，用专业的知识和积极的共情陪伴学生走出情绪的阴霾。在学生毕业前夕，我自费为大家饯行，共叙农职美好，给同学们留下难忘的青春记忆。当学生感受到老师确实是在关爱着他时，师生关系自然就很融洽和谐，学生们才会认真上老师的课，听取老师的教导。每当教师节来临之际，学生们的祝福短信纷至沓来，他们回忆每一个跟我相处的小细节，感谢在农职院遇到了好老师。学生们朴实的语言感染着我、激励着我，我心中充满了幸福感，更加热爱教师这一职业。学生成才、懂得感恩，这是对老师最好的回报。

用专业引导青年

身为一名思政课教师，需要不断地充实、丰盈自己的专业知识，学习党和国家的方针政策，了解国际形势。多年来，我每天都有两个小时的业务学习时间。2016年，我代表基础部参加学院组织的党员廉政知识竞赛，取得良好成绩。只有自己的业务水平提高了，才能更好地为学生答疑解惑。特别是在现在的网络时代，信息繁杂，学生年纪小，阅历浅，很难认清事实，容易受到一些不当言论的影响。我在课内课外注意与学生交流，了解他们的思想动态，及时给予引导。有时候已经过了下班时间，我还在和学生讨论。我兼任学院红色社团的主要指导教师，每月组织一次社团活动，或者去教育基地参观，或者组织读书会、讨论会，或者开展公益活动，把健康向上的正能量播撒在学生的心田。有学生曾经在给我的短信上这样写道："老师，是您把我们视为枯燥的一门课程讲得如此生动，是您让我们慢慢有了思辨的能力，是您让我们更深刻地认知事物，谢谢您的正能量！"专业知识和专业能力得到学生的认可，我倍感欣慰。

用理念服务三农

身为一名职业院校教师，不能只局限于在讲台上讲授理论知识，社会才是更大的舞台。2013至2014年，我到房山区韩村河镇挂职。在这两年里，只要我没课，我就走进田间地头，了解农村、农民的实际状况，搜集了大量的第一手资料，完成了专著《从生存到生活——农村流动女性心理健康状况实录》，2016年由中国商务出版社出版。我积极协助镇政府整理资料，了解基层机关的工作模式，并提出建设性意见。多次举办时事政策讲座、书画展览、文艺演出等活动，营造了农村的文化氛围，取得了较好的效果。同时，切实关心农户的生产生活情况，帮助他们解决难题。有一次，我得知一家养殖户的牛羊生了病，在当地请了几个兽医都无济于事。我忧心如焚，立刻联系我院畜牧兽医系的专业老师，来到养殖场进行诊断。经过几天的治疗，牛羊基本痊愈。后来，这位养殖户带了几十斤羊肉过来，要送给我和牧医系的老师，我婉言谢绝了。我挂职期间的理念就是：扩大农职院的影响力，给学院争光。

用大爱诠释亲情

　　我丈夫的大哥家庭情况比较特殊，婆婆的离世使当时年仅9岁的小侄女瞬间失去了稳定的依靠。经过与丈夫商量，我毅然决然地将侄女和公公接到北京，承担起抚养侄女和赡养老人的责任。侄女初到北京，虽然已经是三年级的小学生，却从来没有接触过英语，良好的学习习惯没有养成，文明礼貌的行为规范也没有建立，很多问题都亟待解决。因此，带侄女上辅导班、每天督促她记日记；要求她每月写一封给爸爸报以平安和慰藉的书信等都成了我必须反复提醒的事情。为了能让侄女全面发展，在学习之余，我又让侄女学习了钢琴和拉丁舞。功夫不负有心人，七年之后的今天，在历经了两千多个日夜的辛苦后，一个懂事乖巧、学习成绩优异、能弹善舞的孩子已经成为一名优秀的中学生。侄女在北京生活得很开心，我们这个完整的家庭不能没有她。

　　我们常说"以天下为己任"，我觉得对我们普通人来说，最重要的是"以己任为天下"，做好自己。在今天这样一个多元化的社会，尽职尽责地履行好自己的责任，既是完整的自己，也是完整的世界！

北京农业职业学院基础部　王××
2019 年 3 月 16 日

评析： 这是一篇个人总结，结构严谨，层次清晰。前言作了简单的自我介绍，很自然地引出下文。主体采用了小标题式写法。分为四个部分，每个部分用小标题概括本部分大意，结尾点题。我们不仅可以从本文中学到总结的写作方法，也可以感受到榜样的力量，向身边的优秀人物学习。

例文二

××市农业局 2017 年"庸懒散"专项整治工作总结

　　为进一步贯彻落实中央、省委和市委关于推进"四风"突出问题专项整治的总体要求，为着力解决党政机关自由散漫、工作效能低下等问题，2017 年初以来，我局结合党的群众路线教育实践活动深入开展了机关干部"庸懒散"问题专项整治行动。现将开展专项整治工作情况总结如下。

　　一、强化宣传教育，确保整治工作落实

　　1. 加强宣传，提高认识。为落实文件精神，进一步提高干部职工思想认识，我局纪检组、监察室按照上级主管部门要求和局主要领导批示，在局办公大楼电子显示屏上将有关专项整治工作方案的内容进行了宣传，实行滚动播放至今。

　　2. 加强学习，明确重点。及时召开了全局干部职工大会和局党组会议，传达和学习了文件具体内容，局党组成员、纪检组长李××同志对专项整治工作提出了具体要求，提出了整治的重点。一要整治自由散漫、衣冠不整、迟到早退、上班时间擅自离开工作岗位、旷工或者外出请假无正当理由逾期不归等问题。二要整治上班时间炒股、玩电子游戏、打牌、下棋、打麻将、出入休闲娱乐场所以及其他"庸懒散"等突出问题。

　　二、强化制度执行，杜绝违规违纪行为

　　局纪检组、监察室认真履行监督和检查职能，坚持每周至少开展一次明察暗访，每月至少开展四次督查检查，并将明察暗访、督查检查以及问责处理情况及时报市作风办。今年以来，我局结合作风大整顿活动、"四型"机关创建活动，严格要求干部职工遵守相关工作纪律和机关管理制度。

三、强化组织领导，形成强大工作合力（略）

四、强化督导检查，推动整治取得实效

1. 加强监督，查究问责。（略）
2. 完善制度，注重预防。（略）

2017 年 12 月 25 日

评析： 这是一篇单位总结。标题为四项式，由单位名称、时限、事由、文种组成。前言交代了"庸懒散"专项整治工作的背景及目的。接着由"现将开展专项整治工作情况总结如下"引出下文。主体部分采用了条目式写法，用四个标题及若干小条目具体阐述在"庸懒散"专项整治工作中做了什么、怎么做的、结果如何。结构完整，条理清晰。

【写作指导】

总结的结构由标题、前言、主体、结尾和落款五个部分组成。

1. **标题** 常见的标题写法有三种：四项式标题、文章式标题、二合一式标题。

（1）四项式标题。由单位名称、时限、事由和文种组成，如"北京市语委办公室2017年工作总结"。

（2）文章式标题。对总结的主要内容加以提炼概括，使用具体生动的文字作为标题，如"幕后苦练始恒一　台上蜕变终成蝶"。

（3）二合一式标题。以文章式标题作为正标题，正标题的下一行使用一个破折号，后面写一个四项式标题作为副标题。这种标题当中的四项式副标题，可以省略其第一项或前两项，如例文一的标题"以己任为天下——个人工作、生活总结"。

2. **前言** 以简练的文字概括总结全文的主体内容。这部分主要叙述基本情况，可以简要概述单位或个人的发展变化，取得的成绩和进步的总体情况，也可以交代写总结的目的，或总结的写作背景及当时形势等。前言可以写出取得成绩的具体数字或突出事例，使读者对一篇总结的主要内容有一个整体印象。

3. **主体** 是总结的主干和核心。主要写"做了什么""如何做""结果如何"。主体部分的结构类型一般有三种。

（1）逐段展开式。按照所写内容的逻辑顺序安排材料，逐段展开。

（2）条目式。从大量的材料中概括要点，使用层次序号，以提纲式列出，再在提纲后面进行简述。这种结构的好处是条理清楚、层次分明、内容明晰。这种结构的总结最为常见。

（3）小标题式。根据材料的不同性质，按照事物的内在联系，划分成若干部分，在每部分前，提炼出小标题，起到提示全段或提炼主旨的作用。这种写法的优点是各层次的内容鲜明集中。

4. **结尾** 总结的结尾没有固定模式，可以强调全文主旨，可以展望未来并提出努力的方向，也可以省略不写。

5. 落款　正文结束后的右下方，署上单位名称或个人姓名。如使用公文式标题，单位名称在标题中出现，落款处可以省略，只需具体时间。个人总结要写明作者所在单位、姓名并写上写总结的日期。

◆ **特别提示** ◆

1. 坚持实事求是。实事求是是总结写作时应有的态度。总结需要辩证思维，要从客观实际出发，如实反映和提炼实践中的经验，总结实践中的教训。
2. 做到观点和材料的统一。观点统摄材料，材料说明观点。观点从材料中提取，又决定材料的取舍。一篇总结，应做到观点单纯鲜明，深刻而有意义。
3. 正确使用表达方式。总结以记叙为主，同时兼有议论、说明的表达方式。记叙应该平实简练，无须形象生动的语言描述；议论应该紧贴事例，不生枝蔓；说明应该客观得体。

【技能训练】

一、病文修改

★下面是一名学生《打工总结》的节选，这段总结看起来更像是记叙文。请根据总结语体的特点进行修改。

……8点钟，我来到客房，把门咚咚咚连敲三下，没有回应，就把门彻底打开，把工作车堵在了门口，填好进房时间，准备打扫卫生……忽然听到一个刺耳的声音："出去！"我吓了一跳，转过身一看，客人正躺在床上向我大吼，我胆怯地退了出来。谁知走了几步，他又冲我大叫："谁让你这么早打扫房间的？干嘛不敲门？你打扰我休息了知道不知道？"

二、写作实践

★阅读下面材料，根据要求写作。

每个同学在自己学习、生活以及各项活动中都有可写的材料，请参考下面的内容提示，写一篇个人总结。

同学交际总结；宿舍生活（或卫生）总结；志愿者工作总结；打工总结；实习、实训总结；技能学习与考核总结；系部、学生会活动总结；学习某项特长的总结；学习经验总结。

第三节　简报

在我们的日常工作中，简报是一种使用频率较高、实用性很强的文种。而简报的质量和采编速度，往往反映了一个单位的工作状态。

【考考你】

判断下面两段导语分别是采用何种写法进行写作的。

1. 2019年10月27日，图书馆党总支组织全体党员和部门主任到红军长征元谋纪念馆，开展了以"不忘初心，牢记革命，重温长征史"为主题的教育活动。

2. 昨天，从××市运管部门了解到，4月初，本市共享单车还有一波高强度的"瘦身"行动。这次行动要减少多少辆？怎么减？为什么要减？减到多少辆才最适合本市？运管部门相关负责人也透露了相关的信息。

【文体知识】

一、概念

简报是国家机关、团体、企事业单位内部之间在日常工作中用来汇报工作、反映情况、传达信息、交流经验的一种简明扼要的、带有新闻性和指导意义的事务性文书。

简报有多种名称，可以叫"××简报"，也可以叫"××动态""××简讯""情况反映""××交流""××工作""内部参考"等。

二、种类

简报的种类：按时间分，有定期简报、不定期简报；按性质分，有工作简报、生产简报、学习简报、会议简报；按内容分，有综合反映情况的简报和反映特定情况的专题简报。

1. 会议简报　　会议期间反映会议情况的简报，它是一种临时性的简报，内容包括会议中的情况、发言及会议决定等。规模较大、时间较长的会议常要编发多期简报，以起到及时交流情况，推动会议的作用。小型会议一般是一会一期简报，常常在会议结束后，写一期较全面的总结性的简报。

2. 工作简报　　又称业务简报，是一种反映本地区、本系统、本部门日常工作或问题的经常性简报。它包含的内容较广，如工作情况、成绩问题、经验教训、表扬批评，对上级某些政策或指示执行的步骤、措施都可以反映。它常以定期或不定期的形式出现，在一定范围内发行。

3. 专题简报　　又称中心工作简报，是一种阶段性简报，往往是针对某一时期的某项工作或开展某项重要活动而专门编印的。

4. 动态简报　　内容包括情况动态和思想动态。这类简报的时效性、机密性较强，要求迅速编发，发送范围有一定限制，在某一个时期、某一阶段要保密。

三、特点

1. 简明扼要　　要求内容简明、语言明快、篇幅短小、中心明确、重点突出。
2. 迅速及时　　简报类似于新闻中的消息，非常讲究时效性。
3. 形式灵活　　简报的文体样式多样，编发方式机动灵活。
4. 真实可信　　简报中所反映的内容都是单位内部自身工作和日常业务的进展情况或存在的问题，要求材料真实可信，符合实际。

【例文评析】

例文

简 报

第 26 期

××农业职业学院安全稳定工作处　　　　　　　　　　　　2017 年 11 月 1 日

编者按：

　　校园是人员高度聚集的公共场所，教学仪器多、科研设备价值昂贵、用电量大，各类试验、实习项目和易燃物较多，一旦发生火灾事故，影响大、损失大，直接影响教学、科研工作的正常进行。因而，高度重视校园防火工作，始终把校园防火工作放在各项预防工作的首位，是一项长抓不懈的重要工作。

学院对南校区重点部门开展消防安全检查

　　近期，安全稳定工作处防火交通科对学院南校区消防安全重点部门进行了全面的消防安全检查，主要检查饲料厂、孵化厂、食堂等生产部门动用明火、用电、用气情况，体育馆、实验室、建筑工地及其他消防重点部位的消防用电、消防安全通道、安全出口指示牌、灭火器、消火栓的使用情况等。共维修、更换安全出口指示牌 16 块，更换应急灯 5 个，补充灭火器 22 个，补充消防水带 5 条，更换手动火灾报警按钮 4 个、声光报警器 2 个，监督清理了堆放在消防安全通道内的杂物。现场检查动用明火人员的焊工证，强调了气焊注意事项，并办理了动火证。

　　为迎接十九大的胜利召开，安全稳定工作处组织了南校区消防重点部门人员的消防安全培训；针对图书馆消防应急灯线路故障，更换了应急电源控制板 4 组，确保符合消防安全规定；完成了新综合楼九层消防水箱的更换工作。十九大期间还进一步加强了学院微型消防站人员出警培训，确保在紧急情况下能在规定时间内迅速出动，处理突发事件。

　　通过一系列消防安全检查工作，及时排除了消防安全隐患，为构建和谐校园提供了安全保障。

报：××市农工委
送：学院领导
发：学院全体教职员工

共印××份

评析： 这是一篇安全稳定工作动态简报。格式符合简报的要求，标题、正文采用动态简报的写法。按语采用了提示性写法，提示了正文的主要内容。标题概括简报的主要内容，导语交代主要事实，主体进一步具体说明、补充导语内容，结尾再次点题。全文写得条理清楚、简明扼要。

【写作指导】

简报一般由报头、报体、报尾三部分构成。

1. 报头　报头设在第一页的上方，约占全页1/3的篇幅，下边用红色反线与正文部分隔开，通常报头有四方面内容。

（1）简报名称　用大号字写在报头正中位置，如"工作简报""财经动态"。简报名称可以套红，也可以不套红。

（2）期号　在简报名称之下，居中位置写明期号。

（3）编印单位　在期号之下、间隔横线之上的左侧，顶格写编印单位的名称。

（4）印发日期　写在期号之下、间隔横线之上的右侧，与编印单位平行。

2. 报体　一般包括按语、标题、正文三项。

（1）按语　按语的作用是对简报内容加以提示、说明或评注，它表达了简报编发单位的意向和要求，以引导读者注意。是否需要按语，是根据稿件情况而定的。按语一般写在报头主体的间隔线之下，顶格标明"按语"或"编者按"等字样。按语也可以插入正文之中，但需要用括号将按语的全部内容括起来。按语一般有三种写法：①说明性按语，主要介绍稿件的来源、编发原因和发送范围。②提示性按语，主要提示稿件内容，帮助读者理解稿件的精神，一般会加在内容重要、篇幅较长的文稿前。③批示性按语，也叫要求性按语，主要写在具有典型意义或指导作用的稿件前，一般要声明意义，表明态度，并对下级提出要求或提供办法。

（2）标题　简报的标题类似新闻的标题，要揭示主题，简短醒目。可以采用主题式标题，也可以采用正副标题，正标题揭示文章的思想意义，副标题写出事件与范围。

（3）正文　一般包括前言、主体、结语三项。

前言是简报正文的开头部分，必须开篇入题，交代清楚，概括简练。通常用简明的一句话或一段话概括全文的主旨或主要内容，给读者一个总体印象。前言一般要交代清楚谁（某人或某单位）、什么时间、干什么（事件）、结果怎样等内容。

主体是简报正文的主干部分，紧承前言。采用典型而有说服力的材料把前言的内容或观点具体化。可以反映当前情况，可以肯定已有成绩，也可以介绍具体做法，提出存在问题。简报主体的写法，常用的有三种：①纵式，即按事情发生、发展、结局的自然顺序表述。②横式，既有典型材料，又从共性角度，点面结合进行概括。③纵横式，是按材料性质归纳分类，按逻辑联系排列组合而构成主体。

结语是简报正文的结尾部分，或指明事情发展趋势，或提出希望及今后打算。如果主体部分已经把事情说清楚，那就不必再写结语了。

简报中还可以插入一些背景材料，即对人物、事件起作用的环境条件和历史情况。背景材料可以穿插在正文的各个部分。

简报一般不具名，必要时可以在正文右下方注明撰稿人姓名或供稿单位，并用括号括起来。日期已印在简报报头上，无须另写。

3. 报尾　报尾在简报末页的下方，用横线与正文部分隔开，主要有两个基本内容：一是发送范围，写在报尾的左方；二是印发的份数，写在报尾的右下方，与发送范围用横线隔开。

> **特别提示**
>
> 1. 注意主题集中，一稿一事，不贪大求全。一份简报只抓住一个问题，不搞面面俱到，这样才能使简报的主题凝聚，篇幅短小，问题说得透彻。
> 2. 注意精选材料，围绕主题精心挑选典型事例。凡是能够表现主题的材料，都要注意精选，不可轻易放过；凡是与主题无关的材料，即使十分生动，也必须忍痛割爱、坚决舍弃。筛选出最能代表一般情况的典型材料加以使用，做到不堆砌、不罗列、不雷同、少而精。要通过材料的剪裁，突出主题、缩短篇幅。
> 3. 切忌在简报内插入表格，特别是资产损益表之类的表格。

【技能训练】

一、病文修改

★ 阅读下面一则简报，指出其中的错误，并加以改正。

园 林 简 报

清洗花盆、修复园林设施、迎"文明城市检查"

| 第一期 | 2017年1月23日 | ××市城市管理局园林绿化处 |

　　近日，市城市绿化管理大队由队领导、干管人员、班组长、线段管护负责人等参加了关于文明城市检查的专题会议，会上布置了各项具体工作任务。1是高度重视文明城市检查工作，做好文明劝导、规范自己文明行为。2是及时做好绿化管护范围卫生保洁，对花街花盆、花池进行清洗，确保公厕设施完备、做到七无四净卫生整洁；认真落实对管辖范围内的花池、坐凳等园林设施维修。3是按照上级领导及部门的安排，由分管领导牵头，班组为责任主体，进行巡视排查，及时落实整改，对不能按时完成的进行追责，按照绿化队绿化管护相关条例进行处理。

××市城市绿化管理大队供稿

报：市城管局
送：处机关各科室，处属各单位
发：处领导

二、写作实践

★ 将下面材料重新排序，并按照工作简报的写作形式进行写作。

　　这是××省志愿服务工作简报2017年第8期，由××省志愿者联合会秘书处和××省青年志愿者行动指导中心联合编发，并于2017年12月30日刊发。

　　（1）××省各级共青团组织、志愿者组织围绕"美好生活 志愿同行"的活动主题，深入开展第七届××省公益志愿文化节系列活动，进一步贯彻落实党中央关于"推进诚信建设和志愿服务制度化"的决策部署。

（2）全省各地累计动员了逾 1900 个公益志愿组织（团队）、近 230 万人（次）志愿者，累计开展了近 2000 场（次）各类志愿服务活动，为社会贡献了超过 550 万小时志愿服务。

（3）2017 年 12 月 5 日是第 32 个国际志愿者日。

（4）以"一网一证"应用推广、"美丽乡村"志愿行动、志愿服务嘉许激励、公益志愿文化传播和《志愿服务条例》宣传等全省性重点工作为主要内容，引导社会各界以志愿服务为载体积极培育和践行社会主义核心价值观。

第四节 介绍信

介绍信是机关团体必备的具有介绍作用的书信。篇幅短小，但作用重要。写作时，应简明扼要，准确真实，切忌弄虚作假。

【考考你】

李某、王某、丁某三名同学要到××农学院园林系学习园林管理技术，学生处开具介绍信时，写道"现介绍我校李某等同学去你们那里学习，请给予招待"。

你认为该内容合乎介绍信的写作要求吗？为什么？应该如何修改？

【文体知识】

一、概念

介绍信是用来介绍、联系、接洽事宜的一种应用文体。它是机关团体、企事业单位派人到其他单位联系工作、了解情况或参加各种社会活动时所开具的凭证性专用书信。

二、种类

介绍信通常分为手写式和印刷式两类。

1. 手写式介绍信　手写式介绍信是一种比较便捷的介绍信，一般采用公文信纸书写或者书写在机关团体、单位自制的信笺上，加盖公章。

2. 印刷式介绍信　印刷式介绍信是指印有固定格式的介绍信，使用者只需根据要办的具体事项按格式逐一填写，最后加盖公章即可。印刷式介绍信使用简单方便，便于提高工作效率，是公用介绍信使用较多的一种，一般备有存根。

三、特点

1. 证明性　介绍信是机关团体必备的具有介绍、证明作用的书信。执介绍信的人，凭借此信同有关单位或者个人联系；收信人则通过对方的介绍信了解来人的职业、身份、要办的事情、有何希望和要求等。

2. 时效性　介绍信一般都列出一定的时日期限，是一种在限期内具备有效性的专用书信。

【例文评析】

例文一

介 绍 信

海联××公司：

  兹有我学院汽车系高昌、王芳两位老师，前往贵公司联系学生实习事宜。请接洽为荷。

  此致

敬礼

××工程学院（公章）
2018 年 3 月 10 日

> **评析**：这是一封手写式介绍信。由标题、称谓、正文、致敬语、落款五部分组成。内容简洁，事项清楚；落款处公章齐全；正确使用"兹""请接洽为荷"等习惯用语。这是一封合乎规范的介绍信。

例文二

介 绍 信

北京×××集团有限公司：

  兹有我学院都农1511班张浩、李阳、赵文丽三名学生，前往贵公司参加为期一个月（7月12日~8月12日）的暑期实习。请予接洽。

  此致

敬礼

××农业职业学院（公章）
2018 年 7 月 11 日

> **评析**：这是一则手写式介绍信。结构完整，格式正确，事项清楚，语言简洁，措辞得当。被介绍者的班级、姓名、人数等信息清晰明了，这一点非常重要，出具介绍信时一定要书写明确。手写式介绍信一般无须标注有效期。

例文三

介绍信（存根）		介绍信
××字×号	× × 字 × × 号 公 章	××字×号

××××等××人
前往××××，联系
××××。
		××中心：
		  现介绍我公司×××等×人前往贵处联系××××。请接洽为荷。
		  此致
		敬礼
		（有效期__天）

×年×月×日		××公司（公章） ×年×月×日

> **评析：** 这是一封印刷式介绍信。格式事先印制好，使用者如实填写内容，加盖公章即可。印刷式介绍信须在左下方注明有效期。对于需要经常派员工去其他单位学习、培训或联系相关事宜等的企事业单位，使用印刷式介绍信可以极大地提高工作效率。

【写作指导】

一、手写式介绍信

手写式介绍信由标题、称谓、正文、致敬语和落款五部分组成。

1. 标题　信纸第一行居中处写"介绍信"，字号比正文字号略大。

2. 称谓　第二行顶格写明联系单位名称（全称）或者个人姓名，后加冒号。

3. 正文　正文另起一行，空两格写介绍信的内容，常用"兹"领起正文。介绍信的内容要写明如下几点：①被介绍人的姓名、身份，如果被介绍人不止一人需要注明人数。②写明要接洽或联系的事项。③向接洽单位或个人提出希望和要求，多用"请接洽""请接洽为荷"等表述。

4. 致敬语　结尾写上"此致""敬礼"，表示祝愿和敬意。

5. 落款　写于正文右下方，包括出具介绍信的单位名称、成文日期两项内容，加盖单位公章。

二、印刷式介绍信

印刷式介绍信一般由存根联、正式联和间缝三部分组成。

1. 存根联　第一行居中印制"介绍信"三个字，字体要大，接着括号注明"存根"二字。第二行在右侧写"××字×号"。"××字"是单位名称的规范化简称，"×号"是介绍信的编号。正文按照格式将内容填入空格处即可。结尾只注明成文日期，不必署名，因为存根仅供本单位留存备查。

2. 正式联　第一行居中印制"介绍信"三个字，字体要大。第二行在右侧写"××字×号"，内容跟存根联相同。另起一行顶格写称谓，写明所联系的单位名称或者个人的称呼或姓名。正文部分内容跟存根联相同。结尾写上习惯用语，如"请接洽""请协助"等，后写"此致""敬礼"。右下方署本单位的名称，并加盖公章。另起一行署成文日期，并加盖公章，成文日期左侧注明该介绍信的有效期限，天数用汉字大写数字书写。

3. 间缝　存根部分同正文部分之间有一条虚线，虚线上印有"××字×号"字样，依照存根第二行"××字×号"的内容填写。编号要求大写，如"壹佰叁拾肆号"，便于从虚线处裁开后，字迹在存根联和正式联各有一半。虚线正中需要加盖公章。

◎ **特别提示** ◎

1. 填写被介绍人的真实姓名、身份，不得弄虚作假。
2. 介绍信内容应简明扼要，避免啰唆、表述不清。
3. 介绍信必须加盖公章。查看介绍信时要核对公章和介绍信的有效期限。
4. 介绍信要求书写工整，一般不得涂改。有涂改的地方应加盖公章，否则视为无效。

【技能训练】

一、病文修改

★ 阅读下面这则介绍信,指出其中的错误,并加以改正。

介 绍 信

××市计算机中心:

现介绍我校张某等三名毕业生到你们那里实习,请接洽。谢谢!

××××学校
2018.3.23

二、写作实践

★ 阅读下面两则材料,根据要求写作。

1. 2018 年暑假即将来临,××学院信息技术系 201711 班的陈刚、马军、刘思三位同学要去××××公司参加社会实践,请你以××学院信息技术系的名义,为他们出具一封介绍信。

2. 廊坊××职业技术学院拟安排学院数控 1702 班田宗、张勤等 6 名学生前往北京××机电学院参加为期两周的数控维修技术培训。请你以廊坊××职业技术学院的名义为田宗等人出具一封介绍信。

第五节 | 证明信

作为一种专用书信,证明信有一定的使用范围和固定格式。与介绍信相比,证明信更具有严肃性、庄重性。

【考考你】

山东省××县××镇××村徐某,于 2017 年以优异成绩考入山东大学,因其家庭困难,特向学校申请助学贷款。学校要求徐某出具由村委会开出的家庭经济困难证明,徐某因家远不方便回去,就请同乡写了一份情况属实的家庭困难证明。请问这封证明信有效吗?

【文体知识】

一、概念

证明信是以机关、团体的名义,证明某人的身份、经历,或者应对方要求,证明有关事件、有关个人真实情况的专用书信。

二、种类

证明信通常分为手写式和印刷式两大类。

1. 手写式证明信　手写式证明信多为证明某人的相关情况等，一般以单位名义出具。

2. 印刷式证明信　印刷式证明信是事先印制好的，只需填写相关内容即可，格式与手写式基本一致，一般备有存根。

三、特点

1. 凭证性　证明信的作用贵在证明，是持信者用以证明自己身份、经历或某事真实性的凭证。

2. 书信体格式　证明信是一种专用书信，写法同普通书信的写法基本一致，因此一般采用书信体格式。

【例文评析】

例文一

证　明　信

××局党委：

你局王一帆同志，是我校2013级学生，于2013年9月～2017年6月就读于我校文学院现代汉语专业。在校期间，该生严格遵守学校各项规章制度，没有参与任何不利于安定团结的活动。曾于2014年10月～2016年6月担任我校学生会主席职务。

　　特此证明

　　此致

敬礼

××大学（公章）
2018年6月9日

> **评析**：这是××大学开具的证明王一帆同志在校行为活动、思想表现情况的手写式证明信。被证明人在校就读专业、就读时间、担任学生会主席职务时间等情况清楚明确。结尾使用惯用语"特此证明"。该证明信实事求是，严肃认真，语言准确，篇幅短小精悍。

例文二

证　明　信

××电力大学：

你校徐福生同志于2012年7月～2017年6月在我院基础部体育组工作，担任我院学生田径队教练。该同志工作认真负责，业务能力突出，多次带队参加各类市级比赛，取得优异成绩，于2015年被评为机电系统先进工作者。

　　情况属实，特此证明。

　　此致

敬礼

××机电学院（公章）
2018年7月10日

评析： 这是一则手写式证明信。内容完整，由标题、称谓、正文、结尾、致敬语和落款六部分组成。正文部分将被证明人的工作时间、业务能力、个人获奖时间等情况表述清楚。结尾使用惯用语"情况属实，特此证明"。语言简洁，措辞明确。

例文三

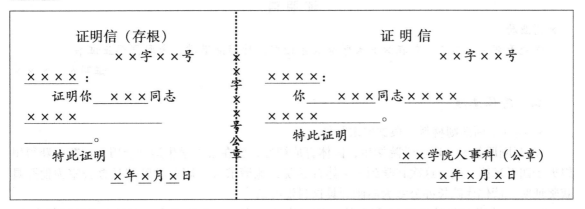

评析： 这是一封印刷式证明信。一般印在单位信笺上，格式固定，随用随填，方便快捷。

【写作指导】

以手写式证明信为例，证明信一般由标题、称谓、正文、结尾、致敬语和落款六部分组成。

1. **标题**　一般以文种作为标题，如第一行居中写"证明信"或者"证明"。还可以由"事由＋文种"构成，如第一行居中写"关于××同志××情况的证明"。

2. **称谓**　第二行顶格写明对方单位的名称，后加冒号。

3. **正文**　根据对方单位的要求，出具确凿的证明材料证明该问题，写明被证明人在某一时期的工作情况、工作表现等。

4. **结尾**　一般使用"特此证明""情况属实，特此证明"等惯用语。

5. **致敬语**　手写式证明信一般使用"此致""敬礼"等致敬语。但在实践应用中，证明信有时会省略此项内容。

6. **落款**　在正文右下方写证明单位名称，另起一行在右下方写明具体日期，并且加盖公章。

特别提示

1. 出具证明信要慎重，应本着实事求是、认真负责的原则，如实证明，措辞明确，不能模棱两可，似是而非。

2. 对于随身携带的证明信（证明材料），一般不需要称谓和致敬语，但要求在证明信的结尾注明有效时间。例如，养蜂人需在不同月份到不同地方赶花季、采蜜种，需随身携带证明信（证明材料），这类没有特定对象的证明信就不需要称谓和致敬语，但需注明有效时间。

3. 如有涂改，必须在涂改处加盖公章。

【技能训练】

一、病文修改

★ 阅读下面一则证明信，指出其中的错误，并加以改正。

证 明 信

××商业局：

你处干部××同志，曾在××大学××系读书，后因病退学，未取得毕业证书。

证明人：×××

二、写作实践

★ 阅读下面两则材料，根据要求写作。

1. 赵刚原是××职业学院学生，因体育成绩好，曾在市大学生运动会田径比赛中获得甲组男子四百米第一名，这次转学到××体育学院，他请求××职业学院院长办公室为他开具获奖证明。请你代院长办公室为赵刚开具这封证明信。

2. ××大学的彭某于2015年3月到2018年6月在××学院工作，当时担任基础部主任。在任期间，他工作认真负责，能以身作则，团结同志，成绩突出，2016年、2017年两次被评为××学院先进工作者。请你以××学院的名义，给××大学写一封证明信。

第三单元 │ 相关链接

☆ 九步确定你的人生目标和制订达到目标的计划

定义你的目标，是一件需要花费很多时间仔细考虑的事情。下面的步骤可以让你开始这样的旅程。

第一步：写出一个你的人生目标清单。人生目标是一件重要的事，换句话说，就是你的人生抱负，不过抱负听起来总像是一种超出你可控范围的事情，而人生目标是如果你愿意投入精力去做，就可能达到的。因此，你这一生真正想要的是什么？什么是你真正想去完成的事情？当你不再有足够的时间去完成什么事情的时候，会感到后悔不已？这些都是你的目标，把每个这样的目标用一句话写下来。如果其中任何目标只是达成另外一个目标的关键步骤，把它从清单中去掉，因为它不是你的人生目标。

第二步：对于每一个目标，你需要设定一个你认为合适的时间框架。这就是你的十年计划、五年计划、一年计划。其中，一些目标可能会有"搁置期"，因为你的年龄、健康、经济状况等因素的限制，需要花一些时间来达成。

接下来，描绘你达到每一个人生目标的详细旅程——这才是更让人热血沸腾的部分。对于每一个人生目标，都按照下面的步骤来处理。

第三步：把每个人生目标单独写在一张白纸的顶端。

第四步：在每个目标下面写上你要完成这个目标所需要但是目前你又没有的资源。这些资源可能是受到了某种教育、职业生涯的改变、财务状况的改变、获得新的技能等。任何一个你在第一步去掉的关键步骤,都可以在这一步补上。如果任何一个目标下面还有子目标,也可以补上,以保证你的每一步都有精确的行动相对应。

第五步:在第二步所列出的每一个目标中,写下你要完成每一个目标所需要的行动。这是一个检查清单,是你完成你的目标的确切步骤。

第六步:检查你在第二步中所写的时间框架,在每一张目标表上写下你所要完成目标的年份。对于那些没有确定年限的目标,考虑一下你想要在哪一年完成它并以此作为年限。

第七步:检查整个时间框架,为每一个目标写下所需要的实际时间。

第八步:现在检查你的人生目标,然后制订一个本周、本月和本年度的时间进度表——以便自己可以按照预定的进程去完成目标。

第九步:把所有的目标完成时间点写在你的进度表上,这样你对要完成的事情就有了确定的时间了。在一年的结尾,回顾你在这一年里所做的事情,划掉你在这一年里已经完成的目标,写下你在下一年里要去完成的目标。

可能你需要花很多年的时间去达成目标,例如,为了完成一次职位提升,你可能先要去找一份兼职工作,以保证你可以获得更多的钱供你去完成一些在职课程。但你最终会达成你的目标,因为你不但计划好了你要得到什么,并且也计划好了要如何去得到,在得到之前你要做哪些步骤。恭喜!

——节选自《9 Steps to Define your Goal Destination and Devise a Plan to Get There》

☆ 总结不是检讨书

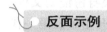

"转眼间,已经过了快两年了。我学习比较努力,成绩一直都还可以,但我身上也存在不少缺点。

有的时候,我在课上偷偷看小说,这是我最大的问题。有一阵子,就跟入了魔似的,趁着老师不注意就偷偷地看。上课听讲效率大打折扣,学习成绩也下滑了。后来老师找我谈话,我终于警醒了,再也不在课上看小说了。我重新严格要求自己,明确个人目标,凭着对知识的强烈追求,刻苦钻研,勤奋好学,态度端正,扎实地掌握了相关专业知识和技能。

在以后的日子里,不论是什么课,我都要正确地对待,不会再一次犯这样的错误。我会好好上课,不再干其他事情了。

☆ 总结不是流水账

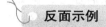

2020 年应用文写作课程学习总结

在没有上应用文写作课之前,我对应用文的了解是"写作文"。从小到大,最怕的就是写作文,但上了这门课之后,我发现应用文写作并不像写作文那么难和无聊。

通过这门课程的学习,我对几大类应用文的写法有了较为清晰的理解,虽然短短几周不足以把所有的文种都掌握得全面透彻,但我也学习到了写作的技巧。

应用文具有六大特点,即实用性、真实性、规范性、针对性、时效性、简明性。应用文不同于文学作品,它不在于使人明事理、开阔思路或供人欣赏,而在于解决实际问题。

总之,在应用文写作学习过程中,我感到受益匪浅,写起应用文来也算得心应手。

☆ 总结不是还原细节

反面示例

那天是周日,下午 1 点钟左右,咖啡厅里座无虚席。我马不停蹄地为顾客点餐、下单、上餐。这时进来一位老人、一位少妇以及一个儿童,原来是一家三代。三人点了一杯咖啡、一份冰淇淋、一份石锅拌饭,还有一份牛排。她们坐的是 5 号餐桌。在我为 6 号餐桌的顾客端上石锅拌饭时,她们非说这是她们的,我说 6 号餐桌点餐在前,让她们稍等一下。但是她们却和我大吵大嚷,说她家小孩饿了,得先给她们上餐,我无语……

☆ 介绍信与住宿的那些事儿

中华人民共和国居民身份证是用于证明居住在中华人民共和国境内的公民身份证明文件。1984 年 4 月 6 日国务院发布《中华人民共和国居民身份证试行条例》,并且开始颁发第一代居民身份证。

居民身份证的出现具有里程碑式的意义。众所周知,现代社会人们办事、出行,都离不开居民身份证。例如,邮寄物件、乘坐高铁或飞机、酒店住宿等,都需要出示居民身份证。尤其是酒店住宿,居民身份证是必不可少的携带物品。

那么在居民身份证出现以前,人们外出住宿,又是怎么办理的呢?

首先,我们来看看古人外出住宿在什么地方,需要哪些手续。

驿站是古时专供传递文书者或来往官吏中途住宿、补给、换马的处所。我国是世界上最早建立组织传递信息的国家之一,邮驿历史长达 3000 多年,驿站在我国古代运输中有着重要的地位和作用,在通信手段十分原始的情况下,驿站担负着各种政治、经济、文化、军事等方面的信息传递任务,在一定程度上也是物流信息的部分,是一种特定的网络传递与网络运输方式。

古时驿站有亭,故称"驿亭"。驿亭相当于一个送快递的中转站,兼营旅店业务,例如,秦朝每十里设一亭,设亭长一名。亭长还有两个下属:"亭父"和"求盗",一个负责保洁工作,一个负责抓捕盗贼。

此后两千年,驿站一直作为官方的招待所而存在,但一般仅限于公务,想进去住要出具"介绍信",即"符节""符卷""驿卷""信牌"等。

不过那时候，只要有关系，就能住进驿站。对于地位较高的人，驿站不仅要做好服务工作，还要承担马匹和船轿挑夫等费用。例如，明朝嘉靖年间，海瑞任淳安知县，他发现县里最大的开销就是驿站迎来送往的不正当费用。他直接叫停了这种"潜规则"，结果往来官员及家属怕在驿站"吃苦"，就直接绕开淳安。

入住招待所必须有介绍信。30多年前，如果自费自助游，出门住宿靠的是介绍信；如果是出差或开会等，则还须有工作证。如果不小心弄丢了介绍信，招待所是绝对不会通融的。如果是一个人出差，招待所不会给单间，只能与陌生人拼房。

如今有了居民身份证，交通、住宿十分便利，可谓"一证在手，走遍神州不愁"。

第四单元　经济文书

第一节　意向书

在经济活动中，当事人进行意向性洽谈，并达成一些原则性共识的记录叫作意向书。意向书并不具有法律效力。它为进一步签订正式协议或合同打下基础，起到备忘录的作用。

【考考你】

鹏宇商贸有限责任公司拟从武夷山广佳茶厂订购特级大红袍，双方经过洽谈，广佳茶厂为鹏宇商贸有限责任公司提供9折优惠，并承诺供应2020年优质新茶。

请问双方要签订的是合同、协议书还是意向书？

【文体知识】

一、概念

意向书是国家、单位、企业、个人之间，对某项事务在正式签订条约、达成协议之前，由一方向另一方表明基本态度或提出初步设想的一种具有协商性的应用文书。

二、种类

1. 根据合作内容　大致分为投资意向书、联营意向书、技术开发与转让意向书等。
2. 按文体格式　大致分为条款式意向书和书信式意向书。

三、特点

1. 协商性　意向书多用商量的语气，不带任何强制性。有时还用假设、询问的语气。
2. 灵活性　意向书的灵活性主要体现在两个方面：一是可以随意改变自己的主张（意向书发出后，对方可以直接采纳，如有更好的意见，部分改变或全盘改变都是可能的）；二是在同一份意向书里可以提出多种方案供对方选择（或者对其中的某项某款同时提出几种意见或调查结果，让对方比较和选择）。
3. 临时性　意向书是协商过程中对各方基本观点的记录，一旦达成正式协议，便完成了意向书的使命。

【例文评析】

例文

合作意向书

北京××公司（以下简称甲方）与德国××公司（以下简称乙方）经友好协商，本着精诚合作、互利互惠原则，就创办合资公司一事达成以下意向：

一、公司名称：××合资有限公司。

二、注册地址：北京市××区××镇××路××号。

三、经营范围：生产××品牌羽绒服。

四、合作年限：20年，即从××××年××月××日至××××年××月××日。

五、投资总额：陆仟万元人民币，注册资本肆仟万元人民币。其中甲方出资51%，即叁仟零陆拾万元人民币。乙方出资49%，即贰仟玖佰肆拾万元人民币。

六、效益分割：双方按投资比例分配。

七、责任划分：甲方承担产品的生产工作，乙方主要承担产品的销售工作，详细规定在正式合同上落实。

八、未尽事宜及具体条款在签订正式协议或合同时予以补充。

九、本意向书一式两份，双方各执一份。

甲方：北京××公司（盖章）　　　　乙方：德国××公司（盖章）

代表：×××（签字）　　　　　　　代表：×××（签字）

××××年××月××日

评析： 这是一份简单的合作意向书，格式规范，内容合理，明确了合作创建公司的名称、注册地址、经营范围、投资总额、效益分割、双方责任等内容。结尾写道"未尽事宜及具体条款在签订正式协议或合同时予以补充"，充分体现了意向书临时性的特点。

【写作指导】

意向书的结构和合同（协议）基本相似，通常由标题、正文、落款三部分构成。

1. 标题　标题有两种写法，写在第一行正中间。

1）直接写文种，如"意向书"。

2）在文种前面加上合作项目或合作单位名称，如"购厂意向书""合作建厂意向书"。

2. 正文　正文一般由引言、主体和结尾三部分构成。

（1）引言　意向书的引言中需要注明签订意向书的单位名称以及签订依据、目的等内容。一般用"本着……的原则，经各方……达成以下意向"作为过渡，引出主体内容。

（2）主体　意向书的正文主体部分要分条列出各方当事人经过协商达成一致意见的意向内容，如合作的基本项目、资金、合作方式、权利和义务、责任和违约等。

（3）结尾　正文的结尾基本上写上"未尽事宜及具体条款在签订正式协议或合同时予以补充"之类的句子，或者写上对意向内容的一些额外补充。

3. 落款　在正文下方写上当事人（单位）名称、法人代表、联系电话、地址等信息。各方信息一般情况下分列平行排序，以示公平。在落款下方写上签署意向书的日期，注明具体年、月、日。

> **特别提示**
>
> 1. 意向书是双方进行实质性谈判的依据,是签订协议书(合同)的前奏。意向书和协议书(合同)有本质区别:
> (1) 性质作用不同。协议书(合同)具有约束力,具有法律效力,属契约性文书。意向书没有法律效力,属草约性文书。
> (2) 内容要求不同。协议书(合同)的内容较意向书来说更为具体,并且有违约责任一项。意向书内容较粗略,具体意见和细节尚未考虑完备。
> 2. 意向书的内容要简略、语气要谦和。意向书只需要写明各方当事人的初步合作意向,并不涉及关键、具体的合作内容,所以篇幅不宜过长;意向书行文以协商语气为主,不能随意使用强制性或是规定性的词语,以便留有余地。

【技能训练】

一、病文修改

★ 阅读下面一则意向书,指出其中的错误,并加以改正。

合作意向书

一、甲、乙双方愿意以合作方式成立一个合资企业。合资企业名称为"××××合资有限公司",企业地址拟定在"××市××路××号"。

二、合资公司为有限责任公司。双方约定投资总额××万元,其中乙方出资××万元,占投资总额的65%。

……

五、甲、乙双方作期为10年。期满后经双方协商可继续合作经营。

六、……

……

二、写作实践

★ 阅读下面两则材料,根据要求写作。

1. ××商贸有限责任公司拟从中粮集团订购花生食用油五十吨,价格是每吨壹万伍仟元人民币,双方经过洽谈,中粮集团提供8.5折优惠,承诺供应2019年新榨花生食用油。

请代双方撰写一份购货意向书。

2. 2019年10月10日××厂和××公司经协商建立合资企业,公司名称定为××××有限责任公司,地址定在××市××路×号。总投资伍佰万元人民币,××厂占55%,××公司占45%。利润按投资比例分配。合资企业自营出口或委托进出口公司代理出口,价格由合资企业确定。合资年限为20年。合资企业的其他事宜按《中华人民共和国中外合资经营企业法》有关规定执行。

请代双方撰写一份合资意向书。

第二节 合同

合同是商品生产和交换的产物,是社会经济关系在法律上的表现,是明确合作各方责任和义务的重要文书。合同制度的广泛应用有助于规范社会经济交往,保障市场交易安全,维护市场经济秩序,促进社会经济发展。

【考考你】

张××新买了一套房子想装修。他看上一款木地板,经过和商店老板商讨,最后确定以每平方米268元的价格购买,并与老板签订了购买定单,交付了预计总费用的20%作为定金。

过了两个月,张××在铺木地板前发现地板颜色与自己的整体装修有些不搭配,于是就找到了销售地板的老板协商换木地板的颜色,但这时木地板老板已经把张××的货备齐。

你认为张××能换成木地板的颜色吗?如果换不成,定金能要回来吗?如果双方到了法院,法院会如何判定呢?为什么?

【文体知识】

一、概念

1. 广义的合同 协议(协议书、议定书)、契约、契。泛指发生一定权利义务关系的协议。

2. 狭义的合同

《中华人民共和国民法通则》第八十五条规定:"合同是当事人之间设立、变更、终止民事关系的协议"。

《中华人民共和国合同法》规定:"合同是平等主体的自然人、法人、其他组织之间设立、变更、终止民事权利义务关系的协议。"

二、种类

1. 根据合同订立的形式可划分为:书面形式、口头形式和其他形式的合同。法律、行政法规规定采用书面形式的,应当采用书面形式。当事人约定采用书面形式的,应当采用书面形式。

2. 按合同写作格式可划分为:条款式、表格式和条款表格式合同。

3.《中华人民共和国合同法》对合同进行了专门的分类:

(1) 买卖合同 是出卖人转移标的物的所有权于买受人,买受人支付价款的合同。

(2) 供用电、水、气、热力合同 是供电人向用电人供电,用电人支付电费的合同。

(3) 赠与合同 是赠与人将自己的财产无偿给予受赠人,受赠人表示接受赠与的合同。

(4) 借款合同 是指借款人向贷款人借款,到期返还借款并支付利息的合同。

(5) 租赁合同 是指出租人将租赁物交付承租人使用、收益,承租人支付租金的合同。

（6）融资租赁合同　是出租人根据承租人对出卖人、租赁物的选择，向出卖人购买租赁物，提供给承租人使用，承租人支付租金的合同。

（7）承揽合同　是承揽人按照定作人的要求完成工作，交付工作成果，定作人给付报酬的合同。

（8）建设工程合同　是承包人进行工程建设，发包人支付价款的合同，包括工程勘察、设计、施工合同。

（9）运输合同　是承运人将旅客或者货物从起运地点运输到约定地点，旅客、托运人或者收货人支付票款或者运输费用的合同。

（10）技术合同　是当事人就技术开发、转让、咨询或者服务订立的确立相互之间权利和义务的合同。

（11）保管合同　是保管人保管寄存人交付的保管物，并返还该物的合同。

（12）仓储合同　是保管人储存存货人交付的仓储物，存货人支付仓储费的合同。

（13）委托合同　是委托人和受托人约定，由受托人处理委托人事务的合同。

（14）行纪合同　是行纪人以自己的名义为委托人从事贸易活动，委托人支付报酬的合同。

（15）居间合同　是居间人向委托人报告订立合同的机会或者提供订立合同的媒介服务，委托人支付报酬的合同。

三、特点

1. 合法性　合同是平等主体之间关于权利义务所达成的共识。合同内容必须符合国家法律、法规和政策的规定，合同订立程序必须遵守国家法律、法规和政策的相关要求。

2. 平等性　合同主体包括自然人、法人及其他组织，合同当事人的法律地位是平等的，不允许一方将自己的意志强加给另一方。

3. 约束性　合同一经成立，就具有法定效力，各方必须履行，不得擅自变更或终止。

【例文评析】

例文

买卖合同

购货单位：北京市××商贸连锁有限责任公司，以下称甲方
供货单位：辽宁省××农场，以下称乙方
单位地址：北京市××区××镇××路××号
单位地址：辽宁省××市××区××镇××路××号
法人代表（或负责人）：王××
法人代表（或负责人）：张××
身份证号码：110888××××××××××××
身份证号码：550228××××××××××××
联系电话：××××××××××
联系电话：××××××××××

通过公开、公平、公正的招标，乙方成为甲方本次面粉和大米的招标中标单位。为明确双方责任，经甲乙双方诚信协商，达成如下协议：

一、配送地点

甲方所属的各连锁店指定地点。

二、配送时间

2019年4月20至2020年4月19日。

三、供货要求及结算方式

1. 乙方按甲方各连锁店所报数量按时（自定货时间起48小时内）送到各连锁店指定地点。若甲方所属连锁店出现紧急定货等特殊情况，乙方承诺按甲方的要求及时送达指定地点。

2. 签订合同时，乙方向甲方交纳服务质量保证金人民币伍万元整，无违约情况，合同期满后无息退还。

3. 双方约定结算周期为每月的10日和25日（特殊情况经甲方同意可提前支付货款）。

4. 供货价格及品质：

（1）乙方供货价格按招标确定的大米价格3.9元/千克、面粉2.8元/千克执行。

（2）关于价格变更，双方约定视市场行情变化由甲方在合同期过半时调整价格。

（3）双方供货品质按照参与招标的样品执行。

四、责任

1. 甲方责任

（1）甲方按照合同要求，凭乙方所在单位的财务统一发票，以支票（汇票）的方式及时支付货款。

（2）甲方在乙方配送过程中给予积极配合。

2. 乙方责任

（1）乙方须向甲方提交有效的营业执照、生产许可证、卫生许可证的复印件，合同期内发生证件更改等事项应及时至甲方处更换原有复印件。

（2）乙方须根据要求按时、按量、按参与招标样品的质量配送商品，所供商品必须取得QS认证。

（3）乙方在商品配送过程中遇到不可抗力因素时，须在第一时间利用电话等方式通知甲方，并采取相应补救措施以满足甲方提出的合理要求。

（4）乙方提供给甲方的产品，质量安全必须符合国家食品卫生等有关部门的标准，并提供有关证件和检测报告。如乙方提供的产品被甲方服务对象投诉属实，由乙方承担一切责任，并赔偿甲方相应损失。

（5）甲方在销售乙方商品的过程中，若发生质量、卫生、服务等方面的问题时。乙方应在第一时间赶赴现场与甲方人员分析原因，积极处理。由此造成的损失，由乙方承担。

（6）甲方可对乙方的商品送质监部门进行检验，若查验结果符合国家标准及样品要求，则相关费用由甲方承担；若查验结果不符合国家标准及样品要求，相关费用由乙方承担，并协商赔偿事宜。

五、其他事宜

1. 本合同一式两份，甲方乙方各执一份。

2. 本合同甲乙双方签字盖章后生效。

3. 本合同未尽事宜由双方协商解决。

4. 双方对违约责任和处理不能达成一致意见时，按《中华人民共和国合同法》规定处理。

甲方（盖章）北京市××商贸连锁有限责任公司　　　乙方（盖章）辽宁省××农场

代表（签字）　　　　　　　　　　　　代表（签字）

2019 年 4 月 18 日　　　　　　　　　　2019 年 4 月 18 日

> **评析**：这是一份面粉和大米的买卖合同，包含了《中华人民共和国合同法》规定的各项基本条款（标的物、卖受人、买受人、价格、供货方式、支付方式、双方责任等）。标题写明了合同的性质，文字简洁明确。并列所书的单位及法人名称，为了下文说明方便，直接注明了简称"甲方""乙方"。合同的内容具体、明确，条款清楚。把买卖合同中有可能出现的问题都想到了，并且规定得非常详细。语言简洁，表达准确。

【写作指导】

合同通常由标题、约首、正文和约尾四部分构成。

1. 标题　写在第一行的正中间。合同标题有三种形式：

（1）合同性质+文种　如"买卖合同""租赁合同"等。

（2）合同标的+合同性质+文种　如"房屋转让合同""汽车租赁合同"等。

（3）有效期+合同性质+文种　如"2019年运输合同""2019年××学校采购合同"等。

有些合同还需要在标题下方标注合同编号，以备存档和查询。

2. 约首　写明合同当事人的名称或代表人、代理人姓名。为合同后文叙述方便，常常在各方当事人名称后注明简称，如"甲方""乙方"等代称或明确当事人在合同中的关系，如"卖方""买方"或"赠与人""受赠人"等。约首有时还会出现合同编号、签约地点、签约日期等。

3. 正文　合同正文大体包括引言、主体和结尾三部分。

（1）引言　在写合同主体部分之前，先用一两句话简单地说明订立合同的目的、依据等内容以引出下文，如"根据……（相关法律法规），经过双方充分协商，特订立本合同，以资共同恪守"。

（2）主体　这是合同的主要部分，包括当事人约定的各项条款内容。主要条款内容如下：

1）标的。标的是合同的必要条款。标的条款必须清楚地写明标的物的具体名称。标的物是合同双方当事人权利义务指向的对象。它可以是物品，如商品房买卖合同中指的就是商品房；也可以是技术、专利等智力成果，如专利技术转让合同中指定的专利技术；还可以是一种劳务关系，如劳务合同标的就是当事人之间的劳务关系。不规定标的物就会失去目的和意义。

2）数量。标的物的数量是确定合同标的物的具体条件之一。标的物的数量要确切，应选择双方共同接受的计量单位。一般应采用通用计量单位，也可以采用行业或者交易习惯认可的计量单位。一定要确认双方认可的计量方法。

3）质量。标的物的质量是确定合同标的物的具体条件。标的物的质量一般包括两个方面的要求：一是标的物的品种和规格，通常指标的物的型号、批号、尺码、级别等；二是标的物的内在品质，通常指标的物应达到其应有的功效，并且不含有隐蔽瑕疵、缺陷等。

4）价款和报酬。价款和报酬一般都以货币的形式表示，在合同中需要明确标的的单价、总价、加价标准、结算方式等内容。价款通常指标的物本身的价款，但因商业上的大宗交易一般是异地交货，便产生了运费、保险费、装卸费、报关费等一系列额外费用。这些费用由谁支付，需在买卖合同的价款条款中写明。

5）履行期限、地点和方式。履行期限直接关系到合同义务完成的时间，涉及当事人的期限利益，也是确定违约与否的因素之一。可以规定为即时履行、定时履行、一定期限内履行。

履行地点是确定验收地点的依据，是确定运费、保险费、装卸费等费用由谁负担、风险由谁承受的依据；有时是确定标的物所有权是否转移、何时转移的依据；对于涉外合同纠纷，它是确定法律适用的一项依据。应在合同中写明。

履行方式同样事关当事人的物质利益，例如，是一次交付还是分批交付，是交付实物还是交付提取标的物的单证，是铁路运输还是空运、水运等，应写明。

6）违约责任。违约责任是促使当事人履行义务，使非违约方免受或少受损失的法律措施，对当事人的利益关系影响重大，合同对此应予明确规定。《中华人民共和国合同法》明确规定："当事人一方不履行合同义务或者履行合同义务不符合规定的，应当承担继续履行、采取补救措施或者赔偿损失等违约责任。"例如，对违约所致损害的计算方法、赔偿范围等予以明确规定，对于将来即时地解决违约问题意义重大。当然，违约责任是法律责任，是合同不可或缺的重要内容，是解决合同纠纷时的可靠依据。

7）解决争议的方法。解决争议的方法主要有和解、调解、向仲裁机构申请仲裁或向人民法院起诉等。

此外，根据具体情况，还可以在合同中加入一些其他条款，如涉外合同中常常会加入"不可抗力"等条款。

（3）结尾　通常写明合同的份数、效力，如"本合同一式两份，具有同等效力，双方各执一份"。有的还需要注明合同的有效期限、附件的名目（如经营许可证复印件、设计图纸复印件等）。

4. 约尾　包括署名和日期两部分。

（1）署名　在正文下方写上当事人的名称（加盖公章）、法人代表、联系电话、通信地址、开户银行、账号等信息。

一些还需要主管部门鉴证或司法部门公证的重要的合同，要写上鉴证部门或公证部门的名称，并签字盖章。

（2）日期　在署名下方写上签约日期，用汉字注明具体的年、月、日。一般情况下，签约日期就是合同生效的起始日期，也可以特殊注明"本合同有效期自×××年×月×日至×××年×月×日，过期作废"或"本合同自双方代表签字，加盖公章或合同专用章即生效，至×××年×月×日后终止"等。

特别提示

1. 签订合同必须符合法律法规。签订合同是一种法律行为，当事人必须具备法律规定的资格，合同内容必须遵守法律法规，才能受到法律保护。
2. 签订合同一定要坚持平等互利，协商一致，等价有偿的原则。
3. 签订合同的语言要精确、严谨，以免发生纠纷。

【技能训练】

一、病文修改

经济合同

甲方：哈哈饮料厂

乙方：乐城纸箱厂

乙方按原订合同生产纸箱，因质量存在某些问题，为此发生业务纠纷。现经协商，重新达成如下协议：

一、乙方库存的3500个纸箱由甲方全部提走。提货方法：甲方先提走一车，剩余部分由乙方帮助运送。

二、甲方收货后将款于今年1月交付给乙方。

三、上述数量的纸箱作价处理，按每只1.50元计算货款。

四、库存纸箱的配件可以由乙方配套提供甲方。

五、库存纸箱中如有质量问题而无法使用者，乙方不予计入提货数量之内。

六、此协定自签订之日起生效，双方不准违约。

甲方代表：张林　　　　　　　　　　　　　　　　乙方代表：王宽

2019年6月8日

二、写作实践

★ 请按下面的材料拟一份购销合同。

××市食品公司购买××市肉类联合加工厂火腿200吨（贰佰吨），每吨价格45000元（肆万伍仟元）。

付款方式采用银行托收承付，第一次收货后五日内交付全款的50%，验收完第四次收货后五日内交付余款。

交货方式：甲方于××××年×月～×月分四次在××火车站交付给乙方。

包装：纸箱，每箱40斤，每箱有4~6个单独真空包装的火腿。

质量标准：产品质量抽检合格率必须符合国家标准。外包装破损率不得高于2%。食品包装破损度不得高于1%。

违约责任及处理：逾期不履行合同的，违约方按每天1%的尾款或货物折价款付对方违约金。

第三节 市场调查报告

市场调查报告是调查报告的一个重要种类，其作用在于帮助企业了解、掌握市场的现状和趋势，增强企业在市场中的应变能力和竞争能力，从而有效地促进经营管理水平的提高。

【考考你】

华为公司想开发一款适合老人使用的手机，请调查某市老人使用手机的情况，撰写一篇简单的市场调查报告。

如果要你写这篇市场调查报告，你应该从哪几方面入手，主要写哪些方面的内容？

【文体知识】

一、概念

市场调查报告是通过对市场的营销情况和经济现象进行调查，对所得信息经过分析、研究和处理后而写成的关于市场现状的报告性文书。

二、种类

1. 根据调查内容的多少　可将市场调查报告分为：综合性市场调查报告和专题性市场调查报告。

2. 根据表述手法的不同　可将市场调查报告分为：陈述性市场调查报告和分析性市场调查报告。

3. 根据调查对象的不同　可将市场调查报告划分为以下四类：

1）市场价格调查报告。这类市场调查报告主要调查市场同类商品的价格变动情况以及消费者对价格变动情况的反应。

2）市场消费行为调查报告。这类市场调查报告的对象主要是消费者的分布地区和经济状况、消费习惯、消费水平及广告对消费者的影响等。

3）市场需求调查报告。这类市场调查报告主要调查市场对本企业产品的需求量和影响需求量的因素。

4）竞争对手调查报告。这类市场调查报告主要调查竞争对手的总体情况、竞争能力及其新产品的发展动向等。

三、特点

1. 针对性　市场调查报告是决策部门决策的重要依据之一，必须有的放矢。

2. 真实性　市场调查报告必须从实际出发，通过对真实材料的客观分析，才能得出正确的结论。

3. 典型性　市场调查报告的典型性主要表现为两点：一是对调查得来的材料进行科学分析，找出反映市场变化的内在规律；二是报告的结论要准确可靠。

4. 时效性　市场调查报告要及时、迅速、准确地反映、回答现实经济生活中出现的新情况、新问题，突出"快"和"新"。

5. 逻辑性　调查报告离不开确凿的事实，是对核实无误的数据和事实进行严密的逻辑论证，探明事物发展变化的原因，预测事物发展变化的趋势，揭示本质性和规律性的东西，从而得出科学的结论。

6. 社会性　调查报告作为时代的镜子，从各个不同的侧面客观地反映社会情况和问题，具有明显的社会功能，调查报告所总结的典型经验，对社会各方面具有指导意义。

【例文评析】

例文一

关于全市 2019 年电暖器市场的调查

2019 年 5~10 月间，×××公司进行了全市范围内的电暖器市场调查，调查结果如下：

1. 生产情况

据调查，国内以电暖器为主要产品的生产企业为数很多，大约 80 家。2019 年，这些企业电暖器总产量约 840.5 万台。其中年产量超过 60 万台的主要有天津美的家电厂、北京天工实业公司等 13 家企业。这 13 家企业电暖器总产量约 609.1 万台，占国内电暖器总产量的 72.46%。具体数字见表一（略）。

以上情况表明：虽然电暖器生产厂家很多，但生产集中程度却非常高。特别是产量排名第一的天津美的家电厂，其产量超过国内总产量的 20%，在本行业中处于明显的优势地位。

2. 销售情况

据对北京、大连、沈阳、哈尔滨、济南、杭州、西安、武汉、大同、太原十个城市的 45 家大商场的调查，2019 年总销量约为 12.1 万台。其中，销量超过 5000 台的有沈阳广佳商场、大连百货大楼等 7 家商场，年销售总量约 74447 台，占 45 家商场销售总量的 61.5%。具体数字见表二（略）。

以上情况表明：与电暖器生产的高度集中类似，电暖器销售的集中程度也非常高。这种现象一方面反映了电暖器市场正处于半成熟阶段，大部分商场都把电暖器作为代销性商品经营，把电暖器作为主要商品经营的为数甚少；另一方面，虽然经销电暖器获得成功的商场数量不多，但这些成功者的事实至少说明，电暖器极具市场潜力，具有良好的发展前景。

3. 各种品牌的竞争（略）

4. 市场分析与展望（略）

产品与建筑面积、供热面积的分析，产品生产和销售情况的分析（略）

5. 几点建议（略）

×××公司
2019 年 11 月 6 日

> **评析**：这是一篇产品市场调查报告。报告侧重于介绍产品的生产、销售等情况，运用数字分析、对比、排位等方法，分门别类地列出调查结果，条理清晰，结构完整。在此基础上提出的建议会显得理据充实，说服力强。

例文二

北京市高等职业院校在校学生手机使用情况调查报告

一、调查方案

1. 调查目的：通过了解北京市高等职业院校在校学生手机使用情况，为手机销售商和手机制造商提供参考，同时针对高等职业院校在校生的需求，对手机消费市场的开发提供一定的参考。

2. 调查对象：北京市高等职业院校在校生

3. 调查程序：

（1）设计调查问卷，明确调查方向和内容。

（2）进行网络聊天调查，随机和北京市各高等职业院校的在校学生聊天并让他们填写调查表。

（3）根据回收的网络问卷进行分析，具体内容如下：

1）根据样本的购买场所、价格及品牌、月消费分布状况的均值、方差分布等数字特征，推断北京市高职院校在校学生总体手机月消费分布的相应参数。

2）根据学生对手机功能的不同要求，对手机市场进行分析。

二、问卷设计

北京市高等职业院校在校学生手机使用情况调查问卷（略）。

三、数据分析

根据以上整理的数据，进行数据分析，得出结论：学生手机市场是个很广阔的、具有巨大发展潜力的市场。

1. 学生手机市场份额分析（略）

2. 学生消费群的普遍特点

1）没有经济收入。

2）追逐时尚、崇尚个性化的独特风格，注重个性张扬。

3）学生基本以集体生活为主，相互间信息交流速度很快，易受同学、朋友的影响。

4）品牌意识强烈，喜爱名牌产品。

3. 学生消费者购买手机的准则和特点

通过调查，发现，学生购买手机主要考虑的因素是时尚个性化款式、功能、价格、品牌等，这也成为学生购买手机的四个基本准则。

调查表明，北京市高等职业院校在校学生选择手机时最看重手机外观设计（如形状、大小、厚薄、材料、颜色等）的，占65%；但他们也并非一味追求外表漂亮，看重手机功能的也不少，占50%；其次，他们看重的是价格；他们较少看重的是品牌。

××公司销售部
2019年×月×日

> **评析：** 这是一篇关于北京市高等职业院校在校学生手机使用情况的市场调查报告。该报告先概述了调查的基本情况，再根据调查对象设计调查问卷，分析数据。最后针对调查结果进行汇总，提出了学生购买手机的准则和特点。该报告运用条目式，分门别类地列出调查过程，条理清晰，结构完整，夹叙夹议，数据翔实，具有一定参考价值。

【写作指导】

市场调查报告一般由标题、正文、落款三部分构成。

1. 标题　市场调查报告的标题没有严格的格式，一般带有"调查"二字，并指出调查的对象或内容、范围等。主要有两种构成形式：

（1）公文式标题　由调查对象和内容、文种名称组成，如"××公司关于2019年北京市羽绒服销售情况的调查报告"。

（2）文章式标题　用概括的语言直接交代调查的内容或主题，如"北京市潜在购买力动向"。在实践中，为引人注目，这种类型的市场调查报告的标题多采用双标题（正副标题）的结构形式，如"青春飞扬　技能闪耀——北京市第44届世界技能大赛参赛者调查报告"。

2. 正文　市场调查报告的正文包括引言、主体和结尾三部分。

（1）引言　又称导语，是市场调查报告正文的前置部分，要写得简明扼要，精炼概括。一般应交代调查的目的、时间、地点、对象与范围、方法等与调查者自身相关的情况，也可概括市场调查报告的基本观点或结论，以便使读者对全文内容、意义等有初步了解。然后用一过渡句承上启下，引出主体部分。

例如，一篇题为"关于全市2019年空调市场的调查"的市场调查报告，其引言部分为："××市北方调查策划事务所受××委托，于2019年3月至4月在国内部分省市进行了一次空调市场调查。现将调查研究情况汇报如下"。用简要文字交代了调查的主体身份，调查的时间、对象和范围等要素，并用一过渡句开启下文，写得合乎规范。这部分文字务求精要，切忌啰唆；视具体情况，有时亦可省略这一部分内容，以使行文更趋简洁。

（2）主体　这部分是市场调查报告的核心，也是写作的重点和难点所在。它要完整、准确、具体地说明调查的基本情况，进行科学合理的分析预测，在此基础上提出有针对性的对策和建议。具体包括情况、分析和建议三部分。

1）情况。市场调查报告的情况介绍，即对调查所获得的基本情况进行介绍，是全文的基础和主要内容，基本上用叙述和说明相结合的手法，将调查对象的历史和现实情况，包括市场占有情况，生产与消费的关系，产品、产量及价格情况等表述清楚。必要时还应对市场背景资料，如地理、气候、经济、文化、社会的变化趋势及政策、法律、法规等做出说明。

在具体写法上，无论如何都要力求做到准确和具体，富有条理性，以便为下文进行分析和提出建议提供坚实充分的依据。

2）分析。市场调查报告的分析预测，即在对调查所获情况进行分析的基础上对市场发展趋势做出预测，是撰写人对调查所得材料的看法、对情况的分析归纳以及从调查中发现的问题，得出的结论等。情况部分和分析部分可以合在一起写，边介绍情况边进行分析，这种有事实、有数据、有分析的写法，较有说服力。

这部分内容直接影响有关部门和企业领导的决策，因而必须着力写好。

3）建议。这部分内容是市场调查报告写作目的和宗旨的体现，要在上文调查情况和分析的基础上，提出具体的解决问题的方法或应采取的措施，供决策者参考。

（3）结尾　这是市场调查报告的重要组成部分，没有特定格式，一般是对全文内容进行总结，以突出观点，强调意义；或是展望未来，以充满希望的笔调结束报告。具体视情况而定，有时也可省略这部分，以使行文更趋简练。

3. 落款　在结尾处写明撰写人的姓名、部门、单位名称以及报告完成日期，以示负责。这部分内容也可以放在标题之下。如是受委托为他人撰写，还应将委托方、调查方分别写清楚。

> **特别提示**
>
> 1. 在日常实践中常常将市场调查报告简化为"调查",也是可以的。
> 2. 市场调查报告主体部分中的建议要有针对性和可行性,能够切实解决问题。
> 3. 由于市场调查报告的内容有多有少,所以在结构上也有所变化。当调查报告的内容、页数较多时,为了方便读者阅读,报告的结构有时就变成:标题、目录、概述、正文、落款和成文日期、附件等几部分。
> 4. 撰写市场调查报告要注意以下内容:
> (1) 以科学的市场调查方法为基础。
> (2) 以真实准确的数据材料为依据。
> (3) 以充分有力的分析论证为杠杆。
> (4) 以最快的速度反映和传递信息。

【技能训练】

一、病文修改

★ 阅读下面这篇市场调查报告,指出其中的不合理之处,并加以改正。

居民饮料消费调查报告

一、调查范围:全国沿海所有城市

二、调查方法:入户调查

三、调查时间:2019 年 8 月—2019 年 10 月

四、被访者:城市居民

五、调查机构:某大学 18 级电子商务班

随着城市居民生活水平的提高,饮料消费开始成为居民消费的一大热点。目前的饮料消费市场竞争日趋激烈,品牌不断翻新,品牌不断涌现,饮料消费市场成为典型的买方市场,人们的选择范围越来越大。

……

二、写作实践

★ 阅读下面材料,根据要求写作。

某公司拟开发一款适合学生使用的新型手机。请调查本班同学使用手机的情况,从手机的外形、价格、功能、颜色、内存等方面进行调查研究,撰写一份简单的市场调查报告,字数控制在 1200 字之内。

第四节 招标书 投标书

竞争促发展,运用招标、投标的采购方式,有利于公平竞争,降低社会平均劳动消耗水平,使资金得到有效的使用,确保各类项目的质量。当前,在建立和完善社会主义市场经济

体制过程中，招标、投标应用范围不断扩大。掌握招标书、投标书制作的重要性不言而喻。

【考考你】

××农业职业学院为提升餐饮服务水平，丰富服务内容，欲对学校培训餐厅后厨经营进行招标。为此，特在学校网站上发布了学校培训餐厅后厨经营招标公告。试问招标公告和招标书是一回事吗？为什么？

招 标 书

【文体知识】

一、概念

招标是招标方提出公开要约，由若干投标方进行秘密报价，招标方从中择优选定中标方的一种法律行为。

招标书又称招标说明书，是对招标通告或招标邀请通知书等内容的扩展，对有关招标事项做出具体说明的书面文件。属于要约的范畴。

二、种类

1. 按方式划分　有公开招标书和邀请招标书。
2. 按时间划分　有长期招标书和短期招标书。
3. 按内容划分　有企业承包招标书、工程招标书、大宗商品交易招标书。
4. 按范围划分　有国际招标书和国内招标书。

三、特点

1. 明确性　招标书对征招项目、具体要求和技术质量指标等内容的表达要清晰明确，不能模棱两可，出现歧义。
2. 合理性　招标书对投标人提出的实质性要求，如对供应商的资质要求、所采购物品的技术要求、价格要求、评标要求等务必合理。
3. 公平性　招标书不得包含歧视性条款，应体现公平、公正的原则。
4. 法律约束性　招标书具有严格的法律约束性，是日后签订合同的原始依据。

【例文评析】

例文

××大学建筑安装工程招标书

为了保证建筑安装工程的建设速度，提高经济效益，经××部门批准，××大学对4号教学楼建筑安装工程的全部工程进行公开招标。

一、招标工程的准备条件：

本工程的以下招标条件已经具备。

1. 本工程已列入国家（或部、委、省、直辖市、自治区）年度计划。
2. 已有经国家批准的设计单位出具的施工图和概算。
3. 建设用地已经征用，障碍物全部拆迁；现场施工的水、电、路和通信条件已经落实。
4. 资金、材料、设备分配计划和协作配套条件均已分别落实，能够保证供应，使拟建工程能在预定的建设工期内连续施工。
5. 已有当地建设主管部门颁发的建筑许可证。
6. 本工程的标底已报建设主管部门和建设银行复核。

二、工程内容、范围、工程量、工期；地质勘查单位和工程设计单位：××设计院。（略）

三、工程质量等级、技术要求、对工程材料和投标单位的特殊要求：见附件；工程验收标准为：合格。

四、工程供料方式和主要材料价格：见附件；工程价款结算办法：分段结算。（略）

五、组织投标单位进行工程现场勘查的时间：2019年6月10日。

六、报名、投标期限，招标文件发送方式：
1. 报名日期：2019年6月1日。
2. 投标期限：2019年7月1日起，2019年8月1日止。
3. 招标文件发送方式：电子邮件发送。

七、开标、评标时间和方式，中标依据及通知：
1. 开标时间：2019年8月5日。
2. 评标结束时间：2019年8月30日。
3. 开标、评标方式：××大学邀请××建委、××设计院等单位参加公开开标，审查证书，采取集体评议方式进行评标、定标工作。
4. 中标依据及通知：本工程评定中标单位的依据是工程质量优良，工期适当，标价合理，社会信誉好，最低标价的投报单位不一定中标。所有投标企业的标价都高于标底时，如属标底计算错误，应按实际情况予以调整；如标底无误，通过评标剔除不合理的部分，确定合理标价和中标企业。

评定结束后五日内，招标单位通过专人送达方式将中标通知书送至中标单位，并与中标单位在一月内签订建筑安装工程承包合同。

八、其他：

招标方承诺，本招标书一经发出，不得改变原定招标文件内容，否则，将赔偿由此给投标单位造成的损失。投标单位按照招标文件的要求，自费参加投标准备工作和投标，投标书应按规定的格式填写，字迹必须清楚，必须加盖单位和代表人的印鉴。投标书必须密封，不得逾期寄达。

投标书一经发出，不得以任何理由要求收回或更改。在招标过程中发生争议，如双方自行协商不成，由负责招标管理工作的部门调解仲裁，对仲裁不服，可诉诸法院。

建设单位（招标单位）：××大学（盖章）
地址：××市××区××路×号
联系人：潘××
电话：××××××××
时间：2019年5月25日

附件：1. 施工图样、勘查、设计资料和设计说明书（略）
　　　2. 建筑安装工程内容一览表（略）

评析： 这则招标书由标题、前言、主体和结尾四部分组成。主体部分较详细地列明了招标的有关内容和要求事项。由于内容复杂，采用附件形式对主体内容进行补充说明。美中不足的是主体缺少投标人须知这一项内容。

【写作指导】

招标书一般由标题、前言、主体、结尾四部分构成。

1. 标题　招标书的标题有以下几种形式：

1）由招标单位名称、标的名称和文种名称构成，如"××学院教学楼装修招标说明书"。

2）由招标单位名称和文种名称构成，如"××市土地局招标书"；或由标的名称和文种名称构成，如"××工程招标书"。

3）只有文种名称，如"招标书"或"招标说明书"。

2. 前言　前言应开宗明义、简明扼要地写明招标的目的和依据（一般书写招标单位主管部门的审批文号）、招标项目名称以及招标单位的基本情况等。

3. 主体　这部分是招标书的核心，通常采用横式并列结构，分条列项地详细说明招标的有关内容和要求事项。主体一般包含的事项如下：

1）投标人须知。

2）招标项目的性质、数量。

3）技术规格或技术要求。

4）投标价格的要求及其计算方式。

5）评标的标准和方法。

6）交货、竣工或提供服务的时间。

7）投标人应当提供的有关资格和资信证明文件。

8）投标保证金的数额（不超过投标总价的2%）或其他形式的担保（如抵押、保证等）。

9）投标文件的编制要求。

10）提供投标文件的方式、地点和截止日期。

11）开标、评标、定标的日程安排。

12）合同格式及主要合同条款。

13）需要说明的其他事项。

招标文件规定的技术规格应当采用国际或者国内公认、法定的标准。招标文件中规定的各项技术规格等，不得要求或者标明某一特定的专利、商标、名称、设计、型号、原产地或生产厂家，不得有倾向或排斥某一有兴趣投标的法人或者其他组织的内容。

4. 结尾　写明招标单位名称（全称）及其地址、电话、传真、邮政编码和联系人。落款下一行署上招标说明书制发的年、月、日，最后加盖公章。

> **特别提示**
> 1. 招标书不同于招标公告。前者是作为要约的、供投标方使用的正式文本；后者只是在相应的招投标网站和报刊媒介上发布的公示信息。
> 2. 招标书对提交投标书的截止时间应作明确规定，延期提交的，招标人应当拒收。
> 3. 招标书具有严格的法律约束性。因此，招标书的写作要求周密严谨，逻辑性强，标点符号运用也要准确。

投 标 书

【文体知识】

一、概念

投标是投标方在同意招标方的招标条件下，对招标项目的报价，具有承诺性质的法律行为。

投标书又称投标说明书，简称"标函"或"标书"。它是投标者对招标书提出的要约的响应与承诺，并向招标单位提出自己的投标意向及投标方案等要约的书面文件。

二、种类

1. 按方式划分　有公开投标书和邀请投标书。
2. 按时间划分　有长期投标书和短期投标书。
3. 按内容划分　有企业承包投标书、工程投标书、大宗商品交易投标书。
4. 按范围划分　有国际投标书和国内投标书。

三、特点

1. **针对性**　投标者必须以招标单位提出的各项要求为依据，严格按照招标书中的内容条款，有针对性地编制投标书的内容。
2. **竞争性**　招标单位在多个投标单位中只能择优选一，这就要求投标书中突出优势，增加竞争砝码。
3. **法律约束性**　投标书和招标书一样，均是日后签订合同的原始依据，条款一经写入投标书中，便具有严格的法律约束性，投标人必须遵照执行。

【例文评析】

例文

投 标 书

北京××国际招标代理有限公司：

根据贵方为（中国××大学工学院及信电学院设备采购）项目招标采购货物及服务的投

标邀请（招标编号：CEIECZB0X-14WQ02X），签字代表（张某，经理）经正式取得授权并代表投标人（北京×××成量数控刀具有限公司，北京市××区×××路××街综合区×号）提交下述文件正本一份及副本三份：

1. 投标一览表。
2. 投标分项报价表。
3. 货物说明一览表。
4. 技术规格偏离表。
5. 商务条款偏离表。
6. 资格证明文件。
7. 遵守国家有关法律、法规和规章，按招标文件中投标人须知和技术规格要求提供的有关文件。
8. 以支票形式出具的投标保证金，金额为人民币11950元。据此，签字代表宣布同意如下：

1）附投标分项报价表中规定的应提交和交付的货物投标总价为人民币1195000元。
2）投标人将按招标文件的规定履行合同责任和义务。
3）投标人已详细审查全部招标文件（招标编号：CEIECZB0X-14WQ02X）。我们完全理解并同意放弃对这方面有不明及误解的权力。
4）本投标有效期为自开标日起90日。
5）在规定的开标时间后，投标人保证遵守招标文件中有关保证金的规定。
6）根据投标人须知第1条规定，我方承诺，与招标采购单位聘请的为此项目提供咨询服务的公司及任何附属机构均无关联，我方不是招标采购单位的附属机构。
7）投标人同意提供按照贵方可能要求的与其投标有关的一切数据或资料，完全理解贵方不一定接受最低价的投标或收到的任何投标。

9. 与本投标有关的一切正式信函请寄：

地址：北京市××区×××路××街综合区×号
传真：010-××××××××
电话：××××××××　　　　电子邮箱：wgs123@sohu.com
投标人授权代表签字：
投标人名称：北京×××成量数控刀具有限公司
投标人开户银行：北京银行××支行
投标人银行账号：×××××××××
投标人（公章）：
日　期：2020年×月×日

评析：这则投标书的称谓，即致送单位，不是招标单位而是北京××国际招标代理有限公司。在实践中，不少单位招标都是委托招标代理有限公司操作的。本则投标书，主体内容完整，针对招标书，提供一系列相关文件的正副本，对招标书做出明确的答复。结尾详细地列明了投标单位的信息。这是一则较为规范的投标书。

【写作指导】

投标书一般由标题、称谓、前言、主体、结尾五个部分构成。

1. 标题　一般由项目名称和文种组成，如"××工程项目投标书"，有时为了简略起见，标题也可只写"投标书"或"标函"等。

2. 称谓　招标单位全称或招标代理有限公司全称。

3. 前言　这部分是投标书的导语，要用较为概括的语句，简要明确地交代出投标的目的或依据。

4. 主体　一般包括两方面内容：一是所提交的投标文件；二是投标人表明态度即表明承诺的内容。不同的招标项目，投标人所提供的文件也不一样，应视招标文件的规定和招标投标的具体情况确定需要提交哪些文件，并注明提交文件的正本、副本的份数。

投标人承诺的内容一般包括：

1）总报价及结算币种。

2）如果是工程项目投标，应写明开工、竣工日期；如果是商品采购投标，应表明保证按合同规定履行义务。

3）如果没有提供投标保证金保函，应写明所交纳的投标保证金金额及对投标保证金所持的态度。

4）写明本投标书的有效期限。

5）对招标人不一定接受最低标价的投标或其他任何可能收到的投标所持的态度，按惯例，一般是表示理解。

6）其他承诺的内容。

在具体写法上，可以采取表格形式，也可采取分条列项的形式，将有关内容依次陈述清楚即可。

5. 结尾　投标书的结尾部分应当写明投标单位的名称、地址、邮编，联系人姓名、电话、电子邮箱等，并署上日期，加盖单位公章。

特别提示

1. 投标书必须密封后邮寄或派专人送到招标单位，谨防泄密或遗失。
2. 提供投标书的份数多少应根据标的物大小、参加评标专家人数而定，以便于评标为原则。
3. 投标书制作应实事求是，切不可弄虚作假。

【技能训练】

一、病文修改

★下面一则投标书的主体部分有错误，请指出并加以改正。

投 标 书

×××××××：

根据已收到的上海×××造船有限公司二期工程海洋工程平台（一）项目工程的招标文件，遵照《上海市建设工程招标投标管理暂行办法》的规定，我单位经考察现场和研究上述工程招标文件的投标须知、技术规范、图纸、工程量清单和其他有关文件后，愿以人民币（大写）××万元的总价，按上述技术规范、图纸等的条件承包上述工程的施工、竣工和保修。

1. 一旦我方中标，我方保证在最快时间内竣工并移交整个工程。
2. 除非另外达成协议并生效，你方的中标通知书及本投标文件将不构成约束我们双方的合同。
3. 如发包方不接纳最低的投标价的投标，我方有权要求解释原因与理由。
4. 我方金额为人民币××万元的投标保证金将在收到中标通知书后上交。

……

二、写作实践

★ 阅读下面材料，根据要求写作。

××学院拟建实验楼1栋，已发布招标公告，现请你以××学院名义拟一则招标书。

第四单元 相关链接

☆ 订立合同主体不合格导致的无效合同

案例再现

35岁的阿蒙（化名）从小智力发育迟缓，仅能承担简单的家务劳动和工作。前段时间，阿蒙的父亲来到浙江省××市人民法院请求法院宣告阿蒙为限制民事行为能力人。当事人为何要提出这样的诉讼请求？经调查，原来背后隐藏着一些错综复杂的经济纠纷。

由于阿蒙智力发育迟缓，对于很多事情都是一知半解，而他的舅舅杨某就在自己资金周转不灵时，将阿蒙带出，让他在房屋买卖合同、银行贷款合同和民间借款合同上签字。阿蒙懵懵懂懂签了字，将自己的房子卖了出去，还做了担保人和借款人，可是该拿回的钱却没拿到。直到购房人要求阿蒙办理房屋过户手续时，阿蒙的父母才得知真相。

法院受理后，经审查认定，阿蒙为限制民事行为能力人，所以在法定代理人不知情的情形下，阿蒙签订的民事合同一般视为无效。

最后，阿蒙的父亲作为阿蒙的代理人与购房者签订了调解协议，确认于2009年5月份签订的购房合同无效，购房款由阿蒙及其监护人负责退还；阿蒙在金融借款合同中作为担保人的签名无效，嘉兴某银行撤回对阿蒙的起诉。而涉及阿蒙的另一起民间借贷纠纷案，目前法院还在进一步审理中。

【疑问】法院为什么认定阿蒙与他人订立的合同为无效合同？

【解惑】《中华人民共和国民法通则》第五十八条规定：限制民事行为能力人实施的民事行为无效。

☆ 要约邀请不等于要约

某果品公司因市场上西瓜脱销，向新疆某农场发出一份传真："因我市市场西瓜脱销，不知贵方能否供应。如有充足货源，我公司欲购十个冷冻火车皮西瓜。望能及时回电与我公司联系协商相关事宜。"农场因西瓜丰收，正愁没有销路，接到传真后，喜出望外，立即组织十个车皮的西瓜给果品公司发去，并随即回电："十个冷冻火车皮的西瓜已发出，请注意查收。"在果品公司发出传真后，农场回电前，外地西瓜大量涌入，价格骤然下跌。接到农场回电后，果品公司立即复电："因市场发生变化，贵方发来的西瓜，我公司不能接收，望能通知承运方立即停发。"但因西瓜已经起运，农场不能改卖他人。为此，果品公司拒收，农场指责果品公司违约，并向法院起诉。

【疑问】本案的纠纷是因谁的原因导致？为什么？此案应如何处理？

【解惑】此案双方发生纠纷的原因是由农场导致的；农场没有理解要约和要约邀请的区别；法院判决农场败诉，果品公司不负赔偿责任。

☆ 可变更、可撤销的合同

某商场新进一种 CD 机，价格定为 2598 元。柜台组长在制作价签时，误将 2598 元写为 598 元。赵某在浏览该柜台时发现该 CD 机物美价廉，于是用信用卡支付 1196 元购买了两台 CD 机。一周后，商店盘点时，发现少了 4000 元，经查是柜台组长标错价签所致。由于赵某用信用卡结算，所以商店查出是赵某少付了 CD 机货款，找到赵某，提出或补交 4000 元或退回 CD 机，商店退还 1196 元。赵某认为彼此的买卖关系已经成立并交易完毕，商店不能反悔，拒绝了商店的要求。商店无奈只得向人民法院起诉，要求赵某补交 4000 元或退回 CD 机。

【疑问】商店的诉讼请求有法律依据吗？为什么？应如何处理？

【解惑】商店的诉讼请求有法律依据。《中华人民共和国合同法》第五十四条规定：因重大误解订立的合同，当事人一方有权请求人民法院或者仲裁机构变更或撤销合同。根据《中华人民共和国合同法》第五十四条规定，法院裁决赵某将 CD 机返还给商店，商店退还其 1196 元。而因柜台组长工作疏忽造成的麻烦，赵某可以要求柜台组长或商场给予一定的补偿。

☆ 已履行的赠与合同还可以撤销吗

案例再现

2019年2月,李某与田某经某中介介绍认识,并于同年2月26日开始同居。同年4月1日,李某与田某将李某在中国邮政储蓄银行北京××支行账户和北京农村商业银行××支行账户内存款共计30631.08元取出,并于同日二人到北京市顺义区的北京农村商业银行××支行,将30000元钱款存入田某名下。同年4月5日,李某在田某租住的房屋中为田某写下赠与书,内容为:"现自愿将自己存款叁万元赠与我所爱的人田某,永不后悔。"因李某家人反对二人结婚,二人一直未办理结婚登记手续。同年6月27日,田某搬离租住房屋,并将二人同居期间租住房屋内购置的物品带走。同年6月29日,李某以田某诈骗其钱财为由向辖区派出所报警。后经北京市公安局顺义分局刑侦支队调查,未予立案。

而后,李某向当地法院起诉,要求田某返还3万元。该案件作为民事案件交由法庭审理。

【疑问】法院会支持李某的主张吗?为什么?

【解惑】法院经审理认为:李某将自有存款3万余元于2019年4月1日取出,并于当日将3万元存入田某名下,由田某实际支配,后于同年4月5日书写赠与书,自愿将自己存款3万元赠与田某。通过李某上述行为、李某的财产状况和赠与标的的指向、数额以及纠纷发生后李某未对涉诉赠与书做出合理解释等,可以认定李某赠与书所写3万元存款即指2019年4月1日存于田某名下的3万元存款。双方以简易交付的方式已经履行了赠与合同,而李某亦未能举证证明存在撤销赠与合同的法定情形,且田某亦不予认可,故对李某要求撤销赠与合同的诉讼请求,无事实和法律依据,法院不予支持。最终,法院依照《中华人民共和国合同法》第一百八十五条、第一百八十六条、第一百九十二条,《中华人民共和国物权法》第二十三条、第二十五条之规定,判决驳回了原告李某的诉讼请求。

☆ 中华人民共和国国家发展和改革委员会令

第16号

《必须招标的工程项目规定》已经国务院批准,现予公布,自2018年6月1日起施行。

主任:何立峰
2018年3月27日

必须招标的工程项目规定

第一条 为了确定必须招标的工程项目,规范招标投标活动,提高工作效率、降低企业成本、预防腐败,根据《中华人民共和国招标投标法》第三条的规定,制定本规定。

第二条 全部或者部分使用国有资金投资或者国家融资的项目包括:

(一)使用预算资金200万元人民币以上,并且该资金占投资额10%以上的项目;

(二)使用国有企业事业单位资金,并且该资金占控股或者主导地位的项目。

第三条 使用国际组织或者外国政府贷款、援助资金的项目包括：
（一）使用世界银行、亚洲开发银行等国际组织贷款、援助资金的项目；
（二）使用外国政府及其机构贷款、援助资金的项目。
第四条 不属于本规定第二条、第三条规定情形的大型基础设施、公用事业等关系社会公共利益、公众安全的项目，必须招标的具体范围由国务院发展改革部门会同国务院有关部门按照确有必要、严格限定的原则制订，报国务院批准。
第五条 本规定第二条至第四条规定范围内的项目，其勘察、设计、施工、监理以及与工程建设有关的重要设备、材料等的采购达到下列标准之一的，必须招标：
（一）施工单项合同估算价在 400 万元人民币以上；
（二）重要设备、材料等货物的采购，单项合同估算价在 200 万元人民币以上；
（三）勘察、设计、监理等服务的采购，单项合同估算价在 100 万元人民币以上。

同一项目中可以合并进行的勘察、设计、施工、监理以及与工程建设有关的重要设备、材料等的采购，合同估算价合计达到前款规定标准的，必须招标。

第六条 本规定自 2018 年 6 月 1 日起施行。

第五单元　行政文书

第一节　公文文体概述

公文是一种特定格式的公务文书，按照特定的体例、经过一定的处理程序形成和使用的书面材料。无论从事专业工作，还是从事行政事务，都要学会通过公文来传达政令政策、处理公务，以保证协调各种关系，使工作正确、高效地进行。

【考考你】

1. 公文一般由哪些部分组成？其中哪些部分是一般公文必备的？哪些部分是根据需要按照规定选用的？

2. 在写作公文时，为什么说界定发文机关和主送机关之间的关系很重要？

【文体知识】

一、概念

2012年4月16日发布的《党政机关公文处理工作条例》（中办发〔2012〕14号，以下简称《条例》）指出：党政机关公文是党政机关实施领导、履行职能、处理公务的具有特定效力和规范体式的文书，是传达贯彻党和国家方针政策，公布法规和规章，指导、布置和商洽工作，请示和答复问题，报告、通报和交流情况等的重要工具。

这里的公务是指国家机关、社会组织和团体为办理社会公共事务而进行的有组织、有计划的活动。从事公务活动，是法律赋予行政机关的权力。党政机关公文就是依法行政工作和进行公务活动的重要工具。

二、种类

根据《条例》规定，党政机关公文有15种：决议、决定、命令（令）、公报、公告、通告、意见、通知、通报、报告、请示、批复、议案、函和纪要。各种公文按不同标准有不同的分类。

1. 按照行文关系和行文方向分类　按照行文关系和行文方向，可将公文分为上行文、下行文、平行文三种。上行文是指具有隶属关系的下级机关或业务部门呈报给上级领导机关或业务主管部门的公文。报告和请示属于上行文。下行文是指具有隶属关系的上级领导机关或业务主管部门发给下级机关或业务部门的公文。决议、决定、命令（令）、公报、公告、通告、意见、通知、通报、批复和纪要属于下行文。平行文是指同系统内的平级机关或者不相隶属的机关、部门之间来往的公文。议案和函属于平行文。

2. 按照紧急程度分类　按照紧急程度，公文分为紧急公文（急件）和常规公文（平件）。紧急公文应当分别标注"特急""加急"。如果公文是以电报的形式发出的，应当分别标注"特提""特急""加急""平急"。

3. 按照有无保密要求和秘密等级分类　按照有无保密要求，可将公文分为涉密公文和常规公文两大类。涉密公文应当根据涉密程度分别标注"绝密""机密""秘密"和保密期限。涉密公文一旦泄露，就会使国家和人民的安全和利益遭受损害，因此必须严肃对待，严格管理。

4. 按照性质分类　按照性质的不同，可将公文分为指挥性公文（如命令、决定）、报请性公文（如报告、请示）、知照性公文（如通知、通报）、联系性公文（如函）、实录性公文（如纪要）等几大类。

三、特点

1. 制发的程序性　公文的撰写和制发，受公文处理程序的严格制约。公文拟制包括公文的起草、审核、签发等程序；对发文的办理包括复核、登记、印制、核发等程序；对收文的办理包括签收、登记、初审、承办、传阅、催办、答复等程序。

2. 格式的规范性　公文具有法定的格式，必须严格按照格式写作。

3. 法定的权威性　撰写和制发公文不是个人行为，体现的是机关或组织的意志。制发文件的部门必须依法或依职权行事。正因为公文具有法定的权威性，所以约束力很强，收文单位必须认真学习、坚决贯彻，做到有令必行，有法必依，有章必循。

4. 很强的时效性　公文在现行的工作中形成、使用，为推动、完成工作服务。公文一般针对的是已办、正在办、即将办的事项，或已经出现、可能出现的问题，时效性很强。一旦公文中强调的事项办理完毕，该项工作中形成并使用的公文，其作用也随之结束。这些公文材料便立卷归档，作为今后工作的参考和凭据。

【例文评析】

例文

国务院文件

国发〔2017〕56号

国务院关于环境保护税收入归属问题的通知

各省、自治区、直辖市人民政府，国务院各部委、各直属机构：

《中华人民共和国环境保护税法》已由第十二届全国人民代表大会常务委员会第二十五

次会议于 2016 年 12 月 25 日通过，自 2018 年 1 月 1 日起施行。《中华人民共和国环境保护税法》第二条规定，在中华人民共和国领域和中华人民共和国管辖的其他海域，直接向环境排放应税污染物的企业、事业单位和其他生产经营者为环境保护税的纳税人，应当依法缴纳环境保护税。为促进各地保护和改善环境、增加环境保护投入，国务院决定，环境保护税全部作为地方收入。

国务院（印章）
2017 年 12 月 22 日

评析： 这是一则公文通知，符合公文写作要求。由版头、主体两部分组成。版头部分包括发文机关标识和发文字号；主体部分由标题、主送机关、正文、发文机关署名、成文日期和印章构成，发文机关署名、成文日期和印章俗称落款。

【写作指导】

一、公文的书面格式

《条例》规定：公文一般由份号、密级和保密期限、紧急程度、发文机关标识、发文字号、签发人、标题、主送机关、正文、附件说明、发文机关署名、成文日期、印章、附注、附件、抄送机关、印发机关和印发日期、页码等组成。

《党政机关公文格式》（GB/T 9704—2012）将组成公文的各要素划分为版头、主体、版记三部分。公文首页红色分隔线以上的部分称为版头；公文首页红色分隔线（不含）以下、公文末页首条分隔线（不含）以上的部分称为主体；公文末页首条分隔线以下、末条分隔线以上的部分称为版记。

1. 版头　一般由份号、密级和保密期限、紧急程度、发文机关标志、发文字号、签发人和版头中的分隔线七个要素构成。

（1）份号　份号是指公文印制份数的顺序号。涉密公文应当标注份号。如需标注份号，一般使用 6 位 3 号阿拉伯数字，顶格编排在版心左上角第一行。

（2）密级和保密期限　如需标注密级和保密期限，一般用 3 号黑体字，顶格编排在版心左上角第二行；保密期限中的数字用阿拉伯数字标注。

（3）紧急程度　紧急程度是指公文送达和办理的时限要求。如需标注紧急程度，一般用 3 号黑体字，顶格编排在版心左上角；如需同时标注份号、密级和保密期限、紧急程度，按照份号、密级和保密期限、紧急程度的顺序自上而下分行排列。

（4）发文机关标识　由发文机关全称或者规范化简称加"文件"二字组成，也可以使用发文机关全称或者规范化简称。发文机关标识居中排布，上边缘至版心上边缘为 35mm，推荐使用小标宋体字，颜色为红色，以醒目、美观、庄重为原则。联合行文时，如需同时标注联署发文机关名称，一般应当将主办机关名称排列在前；如有"文件"二字，应当置于发文机关名称右侧，以联署发文机关名称为准上下居中排布。

（5）发文字号　由发文机关代字、年份、发文顺序号组成。联合行文时，使用主办机关的发文字号。编排在发文机关标识下空二行位置，居中排布。年份、发文顺序号用阿拉伯数字标注；年份应标全称，用六角括号"〔〕"括入；发文顺序号不加"第"字，不编虚位（即1不编为01），在阿拉伯数字后加"号"字。上行文的发文字号居左空一字编排，与最后一个签发人姓名处在同一行。发文字号是引用和查找公文的重要依据，正规公文一般都要有发文字号。

（6）签发人　上行文应当标注签发人姓名。由"签发人"三字加全角冒号和签发人姓名组成，居右空一字，编排在发文机关标识下空二行位置。"签发人"三字用3号仿宋体字，签发人姓名用3号楷体字。如有多个签发人，签发人姓名按照发文机关的排列顺序从左到右、自上而下依次均匀编排，一般每行排两个姓名，回行时与上一行第一个签发人姓名对齐。

（7）版头中的分隔线　发文字号之下4mm处居中印一条与版心等宽的红色分隔线。

2.主体　一般由标题、主送机关、正文、附件说明、发文机关署名、成文日期、印章、附注、附件等要素构成。

（1）标题　由发文机关名称、事由和文种组成。一般用2号小标宋体字，编排于红色分隔线下空二行位置，分一行或多行居中排布；回行时，要做到词意完整，排列对称，长短适宜，间距恰当，标题排列应当使用梯形或菱形（不要采用上下长度一致的长方形和上下长中间短的沙漏形标题）。

（2）主送机关　公文的主要受理机关，应当使用机关全称、规范化简称或者同类型机关统称。编排于标题下空一行位置，居左顶格，回行时仍顶格，最后一个机关名称后标全角冒号。如主送机关名称过多导致公文首页不能显示正文时，应当将主送机关名称移至版记。

（3）正文　公文的主体，用来表述公文的内容。公文首页必须显示正文，一般用3号仿宋体字，编排于主送机关名称下一行，每个自然段左空二字，回行顶格。文中结构层次序数依次可以用"一、""（一）""1.""（1）"标注；一般第一层用黑体字、第二层用楷体字、第三层和第四层用仿宋体字标注。

（4）附件说明　指公文附件的顺序号和名称。如有附件，在正文下空一行左空二字编排"附件"二字，后标全角冒号和附件名称。如有多个附件，使用阿拉伯数字标注附件顺序号（如"附件：1.××××"）；附件名称后不加标点符号。附件名称较长需回行时，应当与上一行附件名称的首字对齐。

（5）发文机关署名、成文日期和印章　发文机关署名即署发文机关全称或者规范化简称。成文日期署会议通过或者发文机关负责人签发的日期。联合行文时，署最后签发机关负责人签发的日期。成文日期中的数字用阿拉伯数字将年、月、日标全，年份应标全称，月、日不编虚位（即1不编为01）。公文中有发文机关署名的，应当加盖发文机关印章，并与署名机关相符。有特定发文机关标识的普发性公文和电报可以不加盖印章。

（6）附注　公文印发传达范围等需要说明的事项。如有附注，居左空两字加圆括号编排在成文日期下一行。

（7）附件　公文正文的说明、补充或者参考资料。公文如有附件，应当另面编排，并在版记之前，与公文正文一起装订。"附件"二字及附件顺序号用3号黑体字顶格编排在版心左上角第一行；附件标题居中编排在版心第三行；附件顺序号和附件标题应当与附件说明的表述一致；附件格式要求同正文。如附件与正文不能一起装订，应当在附件左上角第一行顶格编排公文的发文字号并在其后标注"附件"二字及附件顺序号。

3. 版记　一般由抄送机关、印发机关和印发日期等组成。

（1）版记中的分隔线　版记中的分隔线与版心等宽，首条分隔线和末条分隔线用粗线（推荐高度为0.35mm），中间的分隔线用细线（推荐高度为0.25mm）。首条分隔线位于版记中第一个要素之上，末条分隔线与公文最后一面的版心下边缘重合。

（2）抄送机关　除主送机关外需要执行或者知晓公文内容的其他机关，应当使用机关全称、规范化简称或者同类型机关统称。如有抄送机关，一般用4号仿宋体字，在印发机关和印发日期的上一行，左右各空一字编排。"抄送"二字后加全角冒号和抄送机关名称，回行时与冒号后的首字对齐，最后一个抄送机关名称后标句号。如需把主送机关移至版记，应将"抄送"二字改为"主送"，编排方法同抄送机关。既有主送机关又有抄送机关时，应当将主送机关置于抄送机关的上一行，之间不加分隔线。

（3）印发机关和印发日期　即公文的送印机关和送印日期。印发机关和印发日期一般用4号仿宋体字，编排在末条分隔线之上，印发机关左空一字，印发日期右空一字，用阿拉伯数字将年、月、日标全，年份应标全称，月、日不编虚位（即1不编为01），后加"印发"二字。版记中如有其他要素，应当将其与印发机关和印发日期用一条细分隔线隔开。

二、公文格式示意图

份数序号 秘密等级★保密期限 紧急程度
××市 人 民 政 府 文 件（发文机关标识） ×发〔201×〕×号（发文字号）
公文标题
××××：（主送机关） 　　××× …………………………………………… ××× …………………………………（正文） 　　附件：1. ×××× 　　　　　2. ××××
发文机关（印章） 　　　　　　　　　　　　　　　　　　　　　　　201×年×月×日
抄送：××××××，×××，××××××，×××××，××××××， 　　　××××××。
×××××（印发机关）　　　　　　　　　　　　201×年×月×日印发

注：上行文，须有签发人。发文字号移至左端空一格处开始写，签发人写在同一行右侧，最后一字与右端空一格。

● 特别提示 ●

1. 公文的写作要贯彻执行党和国家的政治路线，符合国家的方针政策、法令法规和有关规定。

2. 以《党政机关公文处理工作条例》（中办发〔2012〕14号）为公文撰写的依据，注意公文写作的最新要求：公文标题由发文机关名称、事由和文种组成，不能再省略发文机关名称；公文落款也不能再省略发文机关署名，成文日期用阿拉伯数字书写；主题词取消。

3. 公文页数顺序号一般用4号半角宋体阿拉伯数字，编排在公文版心下边缘之下，数字左右各放一条一字线，一字线上距版心下边缘7mm。单页码居右空一字，双页码居左空一字。

4. 准确区分不同文种公文的适用范围。

【技能训练】

一、病文修改

★ 阅读下面一则公文，指出其中的错误，并加以改正。

关于××建筑分公司工程进度的报告

××建筑总公司：

我单位截至2017年4月18日，已经完成7座住宅楼的建筑任务，建筑面积为2万3千平米。照这个速度，我公司将于17年年底完成总公司交付的全部任务。

特此通知

××建筑分公司
二〇一七年九月八日

二、写作实践

★ 阅读下面材料，拟写公文标题和发文字号。

1. 2019年，××矿务局要召开安全生产工作会议，需要拟写会议通知，这是该局本年度的第23号文件。

2. 2019年××县旅游局就设立××镇××村为民俗旅游村向县人民政府的请示，这是该旅游局的第5号文件。

3. ××学院就2019年招生计划完成情况向上级主管部门报告。这是该校的第28号文件。

4. 2019年国家教育部对××大学询问学生期末考试作弊给予开除学籍处分是否妥当进行答复所写的函，此为本年度第29号文。

第二节 | 通知

通知是日常工作生活中使用频率最高、使用范围最广、功能最多的公文。写作通知时，应特别注意通知的对象需要明确具体，通知的内容也需要简明扼要，尤其需要注意通知的时效性。

【考考你】

你能从下列通知的标题中总结出"批转"和"转发"的异同吗？

1. 南京市人民政府批转南京市工商行政管理局关于做好《中华人民共和国合同法》贯彻实施工作意见的通知。

2. 南京市人民政府转发江苏省人民政府关于选派优秀专业技术人员出国培训的通知。

【文体知识】

一、概念

通知是适用于批转下级机关公文，转发上级机关和不相隶属机关公文；发布规章；传达要求下级机关办理和有关单位需要周知或者共同执行的事项；任免或聘用干部时使用的一种公文形式。

二、种类

根据通知的内容和适用的范围，通常可以分为以下几类。

1. 指示性通知　这类通知用来发布指示、布置工作。凡是需对某一事项进行处理、对某一问题作出指示，又不适合用命令、决定的形式行文时，均可用通知的形式办理。

2. 颁发性通知　除重要的法律性文件用命令颁布之外，多数法规和规章性文件，如条例、规定、办法、细则、实施方案等，都适合用通知颁发，如国务院办公厅关于发布《国家行政机关公文处理办法》的通知。

3. 印发、批转、转发文件的通知　将某一下级机关报来的文件转发给有关下级机关，叫作"批转"。将上级机关下发的文件，或不相隶属机关发来的文件转发给下级机关，叫作"转发"。

4. 知照性通知　这类通知一般只有告知性，没有指导性。其用途较广泛，机构、人事调整，启用、作废公章，机构名称变更，机关隶属关系变更，迁移办公地址，安排假期等都可使用这种通知，如教育部关于宣布失效一批规范性文件的通知。

5. 任免聘用通知　任免领导干部的职务，根据职务的重要程度的不同，可分别采用不同的文种，最高可用任免令，其次可以用决定，再次用通知，最低用公布任免名单的方式。由此可见，任免基层干部时，通常用通知。

6. 会议通知　会议通知是一种常见的通知，既可用于下行，也可用于平行。

三、特点

1. 功能的多样性　在下行文中，通知的功能是最为丰富的。它可以用来布置工作、传达指示、晓谕事项、发布规章、批转和转发文件、任免干部等。

2. 运用的广泛性　通知的发文机关比较广泛，几乎不受级别的限制。大到国家级的党政机关，小到基层的企事业单位，都可以发布通知。

3. 明确的知照性　通知的主要功能就在于知照事项。所谓知照，就是让通知对象知道所通知的事项及内容，并按照通知要求执行的意思。

4. 较强的时效性　通知是针对目前需要办理的具体事项而发布的公文，所以，它所通知办理的事项，都有一定的时效要求。在某些情况下，随着时间的推移，通知的意义也会随之失效。

【例文评析】

例文一

国务院办公厅关于做好政府网站年度报表发布工作的通知

国办函〔2018〕12号

各省、自治区、直辖市人民政府，国务院各部委、各直属机构：

　　为全面贯彻党的十九大精神，深入贯彻习近平新时代中国特色社会主义思想，落实《国务院办公厅关于印发政府网站发展指引的通知》（国办发〔2017〕47号），提升政府网站管理水平和政务服务能力，建设整体联动、高效惠民的网上政府，经国务院同意，现就做好《政府网站监管年度报表》和《政府网站工作年度报表》发布工作通知如下：

　　一、对象和内容

　　……

　　二、方式和时间

　　……

　　三、工作要求

　　……

　　附件：1. 政府网站监管年度报表（样表）

　　　　　2. 政府网站监管年度报表填写说明

　　　　　3. 政府网站工作年度报表（样表）

　　　　　4. 政府网站工作年度报表填写说明

国务院办公厅（印章）
2018年1月15日

评析： 这是一则指示性通知。第一段简明扼要地说明开展该项工作以及发文的原因和依据，第二段明确规定了开展工作的对象及内容，第三段则说明工作方式和完成的时间节点，第四段提出了开展工作的具体要求。最后附件中还有相关的表格，使得通知的内容更加完整。全文规范严谨，符合公文写作要求。

例文二

财政部　工业和信息化部　科技部发展改革委
关于调整完善新能源汽车推广应用财政补贴政策的通知

财建〔2018〕18号

各省、自治区、直辖市、计划单列市财政厅（局）、工业和信息化主管部门、科技厅（局、科委）、发展改革委：

　　为贯彻落实党的十九大精神，加快促进新能源汽车产业提质增效、增强核心竞争力、实

现高质量发展,做好新能源汽车推广应用工作,现将有关事项通知如下:

......

  附件:新能源汽车推广补贴方案及产品技术要求

财政部(印章)

工业和信息化部(印章)

科技部(印章)

发展改革委(印章)

2018 年 2 月 12 日

评析: 这是一则政策颁发性通知。主体写明了政策调整完善的具体方面,条理清晰,层次分明,让人一目了然。多个主送单位排列规范。因为是众多部门联合发文,所以最后署名时也是按照和通知事项关联的紧密程度及主次关系联合署名。

例文三

××市环保局关于转发
××县环保局关于开展环保自检互检的工作报告的通知

各县(区)环保局,各直属单位:

  ××县环保局是我省环保工作的先进单位,积累了丰富的工作经验。近年来,他们通过开展环保自检和互检,有效地推动了环保工作的深入开展,并取得了良好效果。为了学习他们的先进经验,现将《××县环保局关于开展环保自检互检的工作报告》转发给你们,望参照执行,以推动我市环保工作的深入开展。

××市环保局(印章)

2017 年 8 月 18 日

评析: 这是一则转发性通知。体式规范。文中已明确写出"现将《××县环保局关于开展环保自检互检的工作报告》转发给你们",故不必再于正文之后落款之前标出附件标题;××县"工作报告"也不以"附件"出现,而是该通知的直接发出件,即为同一件。

例文四

国务院办公厅关于2018年部分节假日安排的通知

国办发明电〔2017〕12 号

各省、自治区、直辖市人民政府,国务院各部委、各直属机构:

  经国务院批准,现将2018年元旦、春节、清明节、劳动节、端午节、中秋节和国庆节放假调休日期的具体安排通知如下:

  一、元旦:1月1日放假,与周末连休。

  二、春节:2月15日至21日放假调休,共7天。2月11日(星期日)、2月24日(星期六)上班。

三、清明节：4月5日至7日放假调休，共3天。4月8日（星期日）上班。

四、劳动节：4月29日至5月1日放假调休，共3天。4月28日（星期六）上班。

五、端午节：6月18日放假，与周末连休。

六、中秋节：9月24日放假，与周末连休。

七、国庆节：10月1日至7日放假调休，共7天。9月29日（星期六）、9月30日（星期日）上班。

节假日期间，各地区、各部门要妥善安排好值班和安全、保卫等工作，遇有重大突发事件，要按规定及时报告并妥善处置，确保人民群众祥和平安度过节日假期。

国务院办公厅（印章）
2017年11月30日

评析： 这是一则知照性通知。所谓"知照"即知晓照做执行的意思，所以，一般用来通知一些只需告知的事项，不含指导作用。本通知将2018年七个重大节日的放假安排以通知的形式告知各主送机关，便于相关单位、部门提前安排有关事宜。

例文五

海南省人民政府关于陆志远免职的通知

各市、县、自治县人民政府，省政府直属各单位：

省人民政府决定：陆志远不再担任省人民政府办公厅主任、省海防与口岸办公室主任职务。

海南省人民政府（印章）
2018年3月5日

评析： 这是一则任免聘用性通知。内容齐全，结构完整，包括标题、主送单位、正文、落款四部分。语言简洁，准确无误地说明了职务任免情况。

例文六

浙江省海洋与渔业局关于召开防御台风"灿鸿"视频会议通知

浙海渔电〔2015〕22号

各市及沿海县（市、区）海洋与渔业主管局：

为贯彻落实省委夏宝龙书记今天上午在省防指作出的关于防御"灿鸿"等3个台风指示精神，传达国家海洋局王飞副局长在今天台风风暴潮、海浪灾害防御部署会讲话和要求，做好我省海洋与渔业防台工作，现定于7月8日晚召开全省海洋与渔业防御台风"灿鸿"视频会议。现将会议有关事项通知如下：

一、会议时间

7月8日17:30开始。

二、会议地点

会议采用远程视频形式召开。主会场设在浙江省海洋与渔业局5楼视频会议室；各市及沿海县（市、区）海洋与渔业主管局视频会议室为分会场。

三、参加人员

主会场：省海洋与渔业局局长，分管防台工作副局长，局机关各处室、在杭直属事业单位和省渔业互保协会的主要负责人。

分会场：各市及沿海县（市、区）海洋与渔业主管局主要负责人，分管局领导及涉及防台工作部门及单位负责人。

四、会议议程

1. 省海洋监测预报中心介绍台风形势和风暴潮及海浪预测意见；
2. 沿海宁波、温州、舟山、台州市局汇报防台准备工作情况及渔船避风现状（时间控制在5分钟）；
3. 彭佳学局长讲话。

请各市将市、县局主要参会领导名单于今天16时前报省局值班室（电话：0571-88007111，88007222）。

请各单位提前半小时做好远程视频连接工作。

特此通知

浙江省海洋与渔业局（印章）
2015年7月8日

> **评析**：这是一则会议通知。标题即点明会议的主题，主送单位也十分明确。正文内容完备，第一段主要陈述会议的缘由及目的，接下来分条依次写明会议召开的时间、地点、参会人员、会议议程等内容，并且明确规定了参加会议人员的报名截止时间以及会议的相关要求，并以"特此通知"作为结尾。这是一篇非常简洁规范的会议通知。

【写作指导】

通知种类不同，写法上也有一定的区别。批转、转发类通知由标题、主送单位、正文、附件、落款五部分组成。其他各类通知一般由标题、主送单位、正文、落款四部分组成。指示性通知有时也需要标注附件。

1. 标题　通知的标题一般采用公文标题的常规写法，由"发文机关＋事由＋文种"组成，如《中共中央办公厅、国务院办公厅关于严禁用公费变相出国（境）旅游的通知》。发布规章的通知，所发布的规章名称要出现在标题中，并使用书名号。批转和转发文件的公文，所转发的文件名称要出现在标题中，但不一定使用书名号，如《国务院办公厅转发教育部等部门关于进一步加快高等学校后勤社会化改革意见的通知》。

2. 主送单位　通知的发文对象比较广泛，因此，主送机关较多，要注意主送机关排列的规范性。在标题下空一行处，顶格写全称或者规范化简称，多个主送机关按性质、级别或惯例依次排列，同类型、相并列的单位之间用顿号间隔，不同类型、非并列关系的单位之间用逗号，最后用冒号结束。例如，《国务院办公厅关于印发政府网站发展指引的通知》的主送机关为"各省、自治区、直辖市人民政府，国务院各部委、各直属机构："。

3．正文　一般包括四项内容。

（1）通知缘由　一般而言，通知有此项内容，但也有省略的情况出现。

1）发布指示、安排工作的通知。其写法跟决定、指示很接近，主要用来交代有关背景、根据及目的、意义等。

2）知照性的通知。可参照上述写法。可采用根据与目的相结合的开头方式，也可采用以"为了"领起的"目的式"开头方式。

3）批转、转发文件的通知。根据情况，可以在开头表述通知缘由，但多数以直接表达转发对象和转发决定为开头，无须说明缘由。

4）发布规章的通知。多数情况下篇段合一，无明显的开头部分，一般也不交代缘由。

5）会议通知。将要开会的目的、意义和根据在通知的开头部分写清楚。然后用惯用语"作如下通知""特通知如下"来承上启下。

（2）通知事项　这是通知的主体部分，应交代清楚有关事项。

发布的指示，安排的工作，提出的方法、措施和步骤等，都在这一部分有条理地组织表达。内容复杂的需要分条列款。

会议通知则需将会议名称、时间、地点、内容、参加人员、报到时间和地点、需做什么准备等事项交代清楚，内容一般分段或分条呈现。

任免聘用性通知有时需要列出新成立组织的成员名单，以及改变名称或隶属关系之后的职权变动等。

（3）执行要求　发布指示、安排工作的通知，可以在结尾处提出贯彻执行的有关要求。如无必要，可以没有这一部分。

（4）结尾　通知的结尾多用固定的套语作结尾。常用结尾语有"特此通知""请按此执行""请贯彻执行"等。篇幅较为短小的通知，一般不需有专门的结尾部分。

4．附件　批转、转发类通知有此项内容。在通知正文后，另起一行标注附件名称，如有多个附件需要列明序号。

5．落款　写于正文右下方，包括署名和日期。先写发文单位，加盖单位印章；下一行写明年、月、日，用阿拉伯数字书写。成文时间一般以领导人签发的日期为准。如系联合行文，以最后签发机关领导人的签发日期为准，联合发文的各机关都要加盖公章。

------● 特别提示 ●------

1．通知的标题中不能滥用介词，涉及通知的具体事由，一般不用"有关"而用"关于"，"关于"比较严谨准确，而"有关"就缩小了文题的内容含义。

2．标题如果比较长，可分一行或多行居中排布。回行时，要做到词意完整，排列对称，间距恰当。

3．通知的主送机关往往是多个，次序的安排需要仔细斟酌。

4．会议通知一般会在正文落款下方附录一张会议回执，以虚线隔开。回执的作用主要在于反馈通知的传达效果以及参会的人员情况，以备会议组织者更好地准备会议相关工作。

【技能训练】

一、病文修改

★ 阅读下面这则通知，指出其中的错误，并加以改正。

关于×××股份有限公司召开 2018 年度股东大会会议的通知

各位股东：

  为贯彻执行《上市公司股东大会规范意见》的有关规定，公司拟定于 2018 年 5 月 30 日 9:00 时在公司 311 会议室召开 2018 年度股东大会会议，会议将就董事会、监事会提出的有关事项进行审议。

×××股份有限公司
2018 年 5 月 29 日

二、写作实践

★ 根据下面材料写一份通知。

  教育部拟于 2017 年 3 月 21 日至 22 日上午在苏州独墅湖世尊酒店（江苏省苏州工业园区启月街 299 号）召开"2017 年度全国职业教育与继续教育工作会议"，研究分析当前和今后一个时期的形势与任务，部署 2017 年工作，加快推进职业教育与继续教育现代化，以优异成绩迎接党的十九大的胜利召开。参加会议人员：①各省（区、市）教育厅（教委），各计划单列市和新疆生产建设兵团教育局职业教育或继续教育分管负责人 1 名，职业教育和继续教育有关处室负责人各 1 名（因会议名额限制，将不安排超员接待，敬请谅解）。②部分职业院校、行业（企业）、研究机构等代表。报到时间：2017 年 3 月 20 日；报到地点：苏州独墅湖世尊酒店一楼大厅。会务组联系方式：周某，手机：1352064×××，传真：0512 - 65115××，电子邮箱：sz××@163.com。其他：①会议由江苏省教育厅协办。②请于 3 月 16 日 17:00 点前，将参会回执（见附件）通过传真或电子邮件方式反馈至会务组。

第三节 通报

  通报应用广泛，表彰先进、批评落后、传达情况时均可用到。通报内容关系到方针政策的贯彻实施，先进典型的宣传与推广，对于激励先进、督促后进，推动全局工作有重要作用。

【考考你】

  2018 年 3 月 1 日 12 时 20 分许，河北省唐山华熠实业股份有限公司（化工企业）苯加氢车间在检修污水罐时，罐内残存可燃气体着火，造成 4 人死亡、1 人受伤。接到事故报告后，总局高度重视，党组书记、局长王玉普立即派员赶赴事故现场，指导协助地方政府全力做好伤员救治等事故处置工作，并要求河北省安监局尽快查明事故原因。

  2018 年 3 月 6 日，河北省安监局就此次事故的原委向有关单位作了通报。

  试问这是属于什么性质的通报？

【文体知识】

一、概念

通报是上级机关用来表彰先进、批评错误、传达重要指示精神或情况时使用的公务文书。

二、种类

根据通报的内容和性质，通常可以分为表彰通报、批评通报和情况通报三类。

1. **表彰通报**　表彰通报是表彰先进集体和个人，树立典型，总结成功经验，号召大家学习的通报。

2. **批评通报**　批评通报是批评反面典型人物或单位的错误行为、不正之风、落后思想，要求被通报者和广大干部职工吸取教训的通报。

3. **情况通报**　情况通报是传达情况、沟通信息，指导当前工作的通报，包括一般情况通报和事故性情况通报。这类通报具有沟通和知照的双重作用。

三、特点

1. **内容真实性**　真实是通报的生命。通报的任何内容都必须是真实的，不能有差错，更不能编造虚假情况。因此，写通报时对正反两方面的事实都要认真核实，做到准确无误，没有水分。

2. **宣传教育性**　通报表彰先进、批评错误，就是树立好的榜样和坏的典型，号召所属单位的员工学习好人好事，警戒错误行为，激励人们在工作中做出成绩，尽量避免错误的发生，堵塞漏洞。

3. **典型引导性**　不论表彰还是批评，都应选择典型的人或事，只有典型，才能起到说服教育的作用。典型的人和事又最具有普遍性和代表性，容易发挥导向作用，产生积极意义。

【例文评析】

例文一

杭州市城乡建设委员会
关于对在 2016 年"春风行动"中做出突出贡献单位的表彰通报

委系统、直属各单位、各有关房地产、设计、施工企业：

为响应市委、市政府开展 2016 年"春风行动"的号召，建委党委根据市委办公厅、市政府办公厅《关于深入开展 2016 年"春风行动"的通知》精神，在建委系统单位广大干部职工中广泛开展捐助活动。截至 2016 年 3 月 9 日，建委系统单位和个人共捐资 441.1 万元，其中 96 家单位捐款 332.14 万元。

"春风行动"是中华民族"一方有难、八方支援"优良传统在杭州的具体体现，是杭州大地"乐善好施、扶危济困"最美精神的生动展现。为衷心感谢建委系统各单位对全市困难职工的关爱和帮助，弘扬热心公益事业，乐于奉献的精神，经研究，决定对在 2016 年"春风行动"中做出突出贡献的 47 家单位给予通报表彰（名单附后）。

希望受表彰的单位发扬成绩，再接再厉，继续坚持以人为本、民生为先的理念，为帮扶困难群众做出新的贡献。

附件：2016年建委系统单位春风行动捐款表彰文件

杭州市城乡建设委员会（印章）
2016年3月18日

> **评析：** 这是一篇表彰性通报。标题由发文机关、事由和文种构成。主送机关的多个单位依次规范排列。正文条理清晰，简明扼要地阐述了被表彰单位的先进事迹，以及这些事迹的指导意义，最后写出表彰的决定，并对受表彰单位提出要求。落款标明了发文机关和成文日期，并加盖了印章。附件齐全。

例文二

××市公安局关于民警王××同志失职的通报

各分局，各处室，各直属单位：

20××年7月3日下午4时，××市公安局110指挥中心民警王××接到民工张师傅的求救电话，称有来自四川的17位民工，在沙漠里迷失方向，现在被困沙漠，已出现生命危险，希望能营救。但王××以那个地方属于××团派出所管辖而不属于××市管辖为由拒绝营救，并不予查找××团派出所电话，造成民工杨××因救助不及时而去世的严重后果。

王××的做法，没有履行一个人民警察应尽的职责，给人民群众的生命财产造成了不可弥补的损失，严重损害了人民警察的形象。为此，××市公安局决定对110指挥中心民警王××通报批评并给予行政记过处分，并要求其认真检讨，深刻反省。

广大干警要从这个事件中吸取教训，时刻把人民群众的生命安全放在首位，杜绝此类事件的再次发生。

××市公安局（印章）
20××年7月18日

> **评析：** 这是一篇批评性通报。需要注意的是，批评性通报的标题不宜出现"批评"两字。该通报的正文按照逻辑顺序从四方面依次展开：首先言简意赅地叙述了被通报人的错误事实及造成的严重后果；接着指出其错误的性质；然后提出处理决定，责令检讨纠正；最后告诫广大干警引以为戒。

例文三

天津市人民政府办公厅

津政办函〔2018〕13号

天津市人民政府办公厅
关于2017年度天津市依法行政考核结果的通报

各区人民政府，各委、局，各直属单位：

为深入贯彻《法治政府建设实施纲要（2015—2020年）》和我市实施意见，全面推进我市依法行政工作，根据《天津市依法行政考核办法》（2009年市人民政府令第22号），市人民政府对各区人民政府和市政府各部门2017年度依法行政工作进行了考核。经天津市全面推进依法行政工作领导小组综合评定，滨海新区政府等27个单位被评定为优秀等次，河北区政府等28个单位被评定为良好等次。

各区人民政府、各部门、各单位要高举习近平新时代中国特色社会主义思想伟大旗帜，深入贯彻党的十九大和十九届二中全会精神，认真落实市第十一次党代会和市委十一届二次、三次全会部署，进一步总结经验，发扬成绩，扎实推进依法行政工作，加快法治政府建设步伐，为加快建设"五个现代化天津"做出更大贡献。

附件：2017年度天津市依法行政考核结果

天津市人民政府办公厅（印章）
2018年2月23日

评析：这是一则情况通报。天津市人民政府办公厅就2017年度天津市行政考核结果向有关单位通报。通报事项清晰明了，并对所有受文单位提出要求。在总体格式上，由版头、主体两部分构成。版头由发文机关标识和发文字号构成；主体则由标题、主送机关、正文、附件、落款构成。

【写作指导】

通报一般由标题、主送机关、正文、落款四部分组成。

1. **标题**　由发文机关、事由、文种三部分组成，如《北京市人民政府办公厅关于阳光五月歌厅"3·1"火灾事故调查处理情况的通报》。

2. **主送机关**　通报发文对象比较广泛，因此，主送机关较多，要注意主送机关排列的规范性。主送机关写全称或者规范化简称。

3. **正文**

（1）表彰性通报　正文由三部分组成：第一部分介绍先进事迹或经验，概括叙述受表彰的个人或单位，将主要成绩、事例写出；第二部分揭示意义，对先进事迹、突出成绩给予恰当的评价；第三部分写出表彰的决定，并提出希望和要求。

（2）批评性通报　正文由四部分组成：第一部分写错误事实，要围绕通报批评的主要问题，如实反映情况；第二部分写教训，一般要针对错误分析原因，点明实质，指出危害，表明态度；第三部分写处理决定，要据实处理，达到惩前毖后的目的；第四部分提出要求和希望，针对错误的教训教育群众，提醒注意并引以为戒。

（3）情况通报　包括一般情况通报和事故性情况通报两种情形。

1）一般情况通报。正文由两部分组成：第一部分如实写出情况和事例，选材要有说服力，有宣传价值，能够起到激励与沟通的作用；第二部分是对情况和事例进行客观、准确地分析与评论，必要时，也可以以机关的权威性提出指导性意见。

2）事故性情况通报。正文由四部分组成：第一部分写明发生事故的经过，要写清楚发生的时间、地点、主要过程及后果；第二部分分析事故发生的原因，指出其性质的严重性；第三部对事故的直接责任者做出处理决定；第四部分提出具体要求。

4. **落款**　写于正文右下方，包括署名和日期。先写发文单位，加盖单位印章；下一行写明年、月、日，用阿拉伯数字书写。

特别提示

1. 注意通报与通知的区别：内容范围不同；目的要求不同；表述方式不同。
2. 通报的陈述要实事求是，尤其是表扬和批评的通报务必文实相符，不言过其实，也不避重就轻。
3. 通报的评价既公允又带有倾向性。评价部分是全文的精髓所在，是对叙述部分的分析和定论，应客观公允。对人或事的性质的评论，也体现了发文机关的政策性和倾向性。

【技能训练】

一、病文修改

★ 阅读下面一则通报，指出其中的错误，并加以改正。

2017年二季度全市科技创新主要指标进展情况的通报

各市、区人民政府（管委会），市有关部门和单位；省级以上高新园区管委会：

根据《苏州市科技创新主要指标通报工作方案（试行）》，现将2017年二季度全市科技创新主要指标进展情况通报如下：

一、各市、区二季度科技创新主要指标进展情况

1．高新技术产业产值及增幅（略）2．高新技术产业产值占规模以上工业产值比重及增幅（略）3．高新技术产业投资额（略）4．新登记企业数（略）5．专利申请数及增幅（略）6．发明专利申请数及增幅（略）7．发明专利授权数及增幅（略）8．科贷通（略）

二、全市省级以上高新园区二季度科技创新主要指标进展情况

1．高新技术产业产值（略）2．高新技术产业产值占规模以上工业产值比重（略）3．高新技术产业投资额（略）4．新登记企业数（略）5．专利申请数（略）6．发明专利申请数（略）7．发明专利授权数（略）8．科贷通（略）

附：各市、区二季度科技创新主要指标进展情况表
市高新园区二季度科技创新主要指标进展情况表

2017年9月6日（印章）
苏州市科学技术局 苏州市统计局

二、写作实践

★ 阅读以下要求，写一份通报。

1．主要内容：截至第十周，根据任课老师考勤记录，发现有部分学生出现旷课现象。为严肃学风，进一步规范学生行为，根据《××林学院学生违纪处分条例》的有关规定，对无故旷课的学生张××、李××、王××、陈××给予通报批评。

2．目的：希望受到通报批评的学生能够认真反省，积极改正错误，自觉维护良好的教学秩序和课堂纪律。2019级其他学生要以此为戒，严格遵守校规校纪，自觉养成良好的行为

习惯。

3. 处理措施：《××林学院学生违纪处分条例》第二十三条规定：一学期旷课累计达到 10~29 学时或擅自离校不超过一周者，给予警告或严重警告处分；一学期旷课累计达到 30~49 学时或擅自离校一周以上两周以下者，给予记过处分；一学期旷课累计超过 50 学时者，给予留校察看处分；未请假离校、连续两周未参加学校规定的教学活动者，予以退学处分。

4. 相关部门：信息工程学院信息管理系。

5. 日期：2020 年 2 月 1 日。

第四节　报告

报告，对沟通上下级之间的情况，密切上下级之间的关系，起着其他公文不可替代的作用。报告一般不做理论的阐述和重要性的议论，所写的情况一般不需要上级领导批复，需要转批时，领导才写出批转意见，表明态度。

【考考你】

小李是党员，前一段时间单位党总支组织党员学习"十九大"精神，学习结束后，要求每位党员写一篇学习报告。请问，这个学习报告和公文报告是一回事吗？为什么？

【文体知识】

一、概念

报告是下级机关或部门向上级机关或业务主管部门汇报工作、反映情况、回复询问、报送文件时使用的一种常见公文。报告属上行文，其主要作用是向上级领导陈述下情，使上级了解情况，作为指导工作时的依据和参考。

二、种类

1. 工作报告　这类报告要针对工作的进展情况、工作经验或针对今后工作的措施、方法来写。工作报告能够及时向上级机关汇报工作，便于领导掌握情况，指导和部署工作。工作报告又可以划分为例行工作报告和专题工作报告两小类。例行工作报告是按有关规定到期必送的报告；专题工作报告是针对某项较为重要的工作所写的报告，用以向上级机关汇报工作情况，总结经验教训。

2. 情况报告　这类报告、主要用以反映情况、陈述意见、说明理由，汇报给上级领导，以便领导了解和掌握有关情况和动向。情况报告的内容可以是某项工作的一部分，也可以是对某个问题、某次会议情况的汇报等。

3. 回复报告　用作下级机关或所属单位为回答上级机关询问的事项而写的报告。这类报告的特点是目的性强，要回答的事项或问题须阐述清楚。

4. 报送报告　向上级机关报送文件的同时，所写的简短的说明性报告。

三、特点

1. **陈述性** 报告用于汇报工作、反映情况、提出建议，依据事项及其性质做出陈述。以叙述为主要表达方式，是报告的主要特点。

2. **汇报性** 对于重要的工作，下级机关或部门向上级机关或业务主管部门及时汇报工作设想、具体措施、工作进度、完成情况，以便上级机关知晓、指导和帮助。

3. **单向性** 报告是下级机关向上级机关行文，为上级机关进行宏观指导提供依据，一般不需要受文机关的批复，属于单向行文。

【例文评析】

例文一

××××文件

×发〔2018〕×号　　　　　　　　　　　　　　　　　　　　　　签发人：×××

××公司党支部关于企业党建工作的报告

局党委：

公司党支部在县委和局党委的正确领导下，团结一致，相互协作，紧紧围绕公司中心工作，带领支部全体党员开拓创新、锐意进取，为公司三个文明建设提供了坚强有力的思想组织保证，为公司发展注入了强大的精神动力、智力支持，有力促进了公司产、供、销的良性循环，各项经济技术指标与上年同期相比均有较大进步，经济效益逐年攀升。我们的主要做法是：

一、加强领导班子建设，发挥战斗堡垒作用（略）

二、加强党员队伍建设，发挥先锋模范作用（略）

三、加强政治思想建设，发挥组织引导作用（略）

四、加强党政配合，发挥政治核心作用（略）

××公司党支部（印章）
2018年8月2日

评析：这是一则工作报告。正文开头概括介绍了公司党建的成果，主体部分从四个方面报告了企业党建的具体做法，思路清晰，合乎报告的写作要求。

例文二

北京市人力资源和社会保障局
关于 2015 年度北京市社会保险事业发展情况的报告

市人民政府办公厅：

2015 年是"十二五"规划收官之年，全市各级人力资源和社会保障部门，坚持以"民生为本"的理念，深入学习贯彻党的十八大和十八届三中、四中、五中全会精神，扎实推进

"三严三实"专题教育,在确保社保基金安全平稳运行的基础上,抓重点、保民生、促服务,为首都的和谐稳定做出了贡献。

一、养老保险

2015年,本市继续深入推进企业职工基本养老保险,完善落实城乡居民基本养老保险制度,机关事业单位参保工作紧密筹备,稳步推进,养老保险制度进一步健全。

(一)城镇职工基本养老保险(略)

(二)城乡居民养老保险(略)

(三)城乡老年居民养老保障(略)

二、医疗保险

2015年,实现多层次的医疗保障。继续深化付费制度改革。年末全市累计发放社保卡1694.6万张。

(一)城镇职工基本医疗保险(略)

(二)城镇居民基本医疗保险(略)

三、失业保险(略)

四、工伤保险(略)

五、生育保险(略)

六、社会保险基金运行情况(略)

北京市人力资源和社会保障局(印章)
2016年5月16日

> **评析:** 这是一则情况报告。正文包括起因、主体两大部分:第一段简要介绍了报告的背景情况,即起因;主体部分从六大方面具体陈述2015年度北京市社会保险事业发展情况,其中有的方面又细化为若干小条,正文自然收束,省略结尾。

例文三

××学院××系办公室关于2019届毕业生就业状况的回复报告

学院办公室:

日前,学院办公室询问各系2019届毕业生就业状况。现将我系2019届毕业生就业状况汇报如下:

我系2019届毕业生共有249人,截至今年5月20日,共有239名毕业生已有就业岗位,就业率达96%。

其中,18人被北汽福田汽车股份有限公司录用,12人被首都航天机械公司录用,10人被北京鸿都汽车集团有限公司录用,9人被北京地铁车辆装备有限公司录用,8人被北京菜篮子集团有限公司录用,6人被泰禾物业录用。另有69人被18家国企录用,77人被26家私企录用,21人被12家事业单位录用。自主创业9人。

特此报告

××学院××系办公室(印章)
2019年5月25日

> **评析：** 这是一则回复报告。针对上级关于 2019 届毕业生就业状况的询问，××系办公室首先作了总体回复，然后对就业较为集中的一些情况做了进一步的简要汇报。结尾用"特此报告"作结。

例文四

××安全生产监督管理局文件

×安监发〔2018〕×号　　　　　　　　　　　　　　　　　　　签发人：×××

××安全生产监督管理局
关于报送××区安全生产发展报告的报告

区政府办公室：

　　按照区政府领导要求，区安监局结合我区安全生产工作实际情况，起草了××区"区域报告"——××区安全生产发展报告文稿一篇（见附件），计划刊登在《中国安全生产发展报告》文献中。请查收并予以审核。

　　特此报告

　　附件：××区安全生产发展报告

××区安全生产监督管理局（印章）
2018 年 7 月 6 日

> **评析：** 这是一则报送报告。正文写清楚缘由和报送的材料名称、数量，结尾部分用"请查收并予以审核"的习惯用语收束。报送的材料以附件形式附上。

【写作指导】

报告种类不同，但写法大体相同，均由标题、主送机关、正文、落款四部分组成。

1. **标题**　由发文机关、事由、文种三部分组成，如《审计部门关于加强审计工作的报告》。

2. **主送机关**　报告是直接呈送至所属上级领导部门的，正文之上要写主送机关的名称。如果其他部门也须了解报告内容，可以采用抄送的方式。

3. **正文**　不同种类的报告，正文写作有一定区别。

（1）工作报告、情况报告　工作报告与情况报告两者写法基本类似，一般分为起因、主体、结尾三部分。

1）起因部分。说明报告的目的，即为什么要写报告。起因内容要具有概括性，开宗明义。紧接着用"现将……工作（或情况）报告如下"之类的承启用语作为起因的结尾，后加冒号。

2）主体部分。写清工作的进展情况、存在问题或经验教训等。篇幅较长的报告，可使用小标题概括内容，以求醒目。内容部分的情况要讲明，问题要写清。写工作或情况报告，可以使用两种方法：一种方法是把汇报的工作（或情况）分为情况综述与具体分述两大部分，然后提出建议、措施等。先交代工作（或情况）的整体，使上级领导对汇报的内容有个整体印象，然后分问题、分条款逐一具体写出，并提出措施、做法等。另一种方法是使用概括浓缩的方法，将工作（或情况）的众多问题提炼概括，简明扼要地写出主要情况，不作深入的分析。这种方法适用于对整体情况进行综合性、概述式的报告的情况。

3）结尾部分一般用"特此报告""专此报告""以上报告，如有不妥之处，请指正"等。情况报告中有时会省略此项内容。

（2）回复报告 回复报告应有明确的目的性和较强的针对性。开头应写明根据上级的何种精神、何种文件来答复何种问题，要简明、确切。主体本着"一文一事一主旨"的原则，对回复的事情完整、准确地加以陈述，不能偏离题目，也不宜作更多的评议。

（3）报送报告 报送报告是呈报有关文件，随着文件写出说明情况的报告。写法是：先要写出根据何种指示精神或根据何种文件进行报送，再写出报送的内容是哪些。有完整报送文件的，要在报送报告中，对文件的主要内容作重点说明；没有完整文件、报送事项的，要在报送报告中将事项的内容一一表述清楚。

4. 落款 写于正文右下方，包括署名和日期。先写发文单位，加盖单位印章；下一行写明年、月、日，用阿拉伯数字书写。

━━━━◉ 特别提示 ◉━━━━

1. 《党政机关公文处理工作条例》（中办发〔2012〕14号）第十五条规定"不得在报告等非请示性公文中夹带请示事项"。

2. 报告必须确定专题，把握重点，一事一报告，中心明确，条理清晰，为上级机关提供最有价值的情况。

3. 个人工作报告不属于公文范畴，公文报告是机关、部门的行为而不是个人行为。

【技能训练】

一、病文修改

★ 阅读下面一则报告，指出其中的错误，并加以改正。

关于××公司报送2017年劳动用工情况的报告

××市人力资源和社会保障局：

为了建立和谐稳定的劳动关系，维护劳动者和用人单位的合法权益，根据《劳动法》的相关规定，现就我公司劳动用工情况汇报如下：

我公司是于2012年7月8日在工商行政管理部门登记注册成立的一家高新技术企业。我公司现共有员工89人（全体，包括单位法人和负责人），均为成年人，其中女职工25人，男职工64人。我公司和36名员工签订了个人劳动合同，和53名员工签订了集体劳动合同。2017年社会保险费，89名员工均已缴纳。

二〇一八年一月八日
××公司

二、写作实践

★ 阅读以下材料，按要求写一份报告。

随着十九大的召开，各单位都积极组织员工学习贯彻党的十九大精神，各个党支部更是从多角度多层次地组织支部所属党员以不同形式深入开展学习十九大精神活动。现有××学院的党总支要求其下属各党支部汇报十九大的学习情况。

请你为某一党支部拟写一则学习情况报告。要求按照报告的公文格式拟写。

第五节 请示

请示属于上行文，其应用范围也比较广泛。凡是下级机关无权决定、无力解决而确需上级机关给予明确指示、批准或帮助的事项，都应该以请示行文。

【考考你】

1. ××市的一所中学需要修建一座体育馆，你知道该校应该向哪个部门提交公文吗？公文的形式应选择申请、报告还是请示呢？

2. ××部门向上级机关申请项目经费，在说明原因时这样写道："我们部门员工众多，困难重重，僧多粥少，实在是巧妇难为无米之炊，欲哭无泪，我们的工作已经无法顺利开展，恳请领导垂怜。谢谢！"你认为该内容合乎请示的写作要求吗？为什么？

【文体知识】

一、概念

请示是下级机关向上级机关请求决断、指示、批示或批准事项所使用的呈批性公文。

二、种类

根据请示的内容和性质来分，可以分为：

1. 请求指示的请示　　这是下级单位对上级单位有关政策、规定中未明确的问题或工作中遇到的难以把握的问题，请示上级单位予以答复或指示时拟写的公文。例如，××建筑公司因技术力量薄弱，资金短缺，愿意归并到×区建筑集团，并接受其领导。此事原来并无先例，事关重大，该建筑公司就可写出有关问题的请示，请求其所隶属的上级部门给予指示。

2. 请求批准的请示　　这是指下级单位拟做某件事，但批准权限在上级单位，需要上级单位批准、审定时拟写的公文。例如，××市农业银行，为了吸收更多存款，准备开办有奖储蓄，但根据规定，要经人民银行批准才能实施。为此该市农业银行可写出关于开办有奖储蓄的请示，请求主管部门批准。

3. 请求帮助（解决问题）的请示　　这是指下级单位在工作中遇到新情况、新问题，或因条件限制自身难以解决的有关问题，需要上级单位予以协调或解决时拟写的公文。行文的主要目的是为了解决某些实际困难和具体问题。

4. 请求批转的请示　　这是指下级单位对涉及普遍性、全局性的问题或者重点事项提出的意见或建议，由于涉及范围比较广，请求上级单位批转有关单位执行时拟写的公文。例如，某省物价检查领导小组将全省物价检查的结果进行分析，提出抑制通货膨胀的若干项措施的请示，即可请求上级部门将这个请示转批各有关部门，以便巩固该省物价检查工作的成果，继续做好抑制通货膨胀工作。

三、特点

1. 针对性　　只有本机关单位权限范围内无法决定的重大事项，如机构设置、人事安排、重要决定、重大决策、项目安排等问题，以及在工作中遇到新问题、新情况或克服不了的困难，才可以用"请示"行文。请示上级机关给予指示、决断或答复、批准。所以请示的行文具有很强的针对性。

2. 呈批性　　请示是有针对性的上行文，上级机关对呈报的请示事项，无论同意与否，都必须给予明确的"批复"回文，特定情况下也可以"以函代复"回文。

3. 单一性　　请示应一文一事，一般只写一个主送机关，即使需要同时送其他机关，也只能用抄送的形式。

4. 时效性　　请示是针对本单位当前工作中出现的情况和问题，求得上级机关指示、批准的公文，如能够及时发出，就会使问题得到及时解决。

【例文评析】

例文一

××省财政厅文件

×财法〔2017〕91号　　　　　　　　　　　　　　　　　　　签发人：×××

××省财政厅关于民办教育税收政策有关问题的请示

财政部、国家税务总局：

　　按照《财政部、国家税务总局关于教育税收政策的通知》（财税〔2004〕39号，以下简称财税39号文）、《财政部、国家税务总局关于加强教育劳务营业税征收管理有关问题的通知》（财税〔2006〕3号）的要求，我省认真贯彻落实有关教育税收政策规定，但在执行过程中，遇到现行民办教育税收政策规定与《中华人民共和国民办教育促进法》（以下简称《民办教育促进法》）及其实施条例存在不协调、不配套的问题，给税务机关执行该政策带来较大困难，现将有关问题请示如下：

　　……

　　为贯彻落实《民办教育促进法》及其实施条例有关税收方面的规定，维护纳税人合法权益，构建和谐征纳关系，建议制订与《民办教育促进法》及其实施条例相配套的民办教育税收优惠政策……

　　专此请示，请批复

　　附件：1. 关于民办学校教育税收政策有关问题的专题报告（×地税发〔2017〕30号）
　　　　　2. 关于民办教育税收政策有关问题的紧急请示（×地税发〔2017〕110号）

××省财政厅（印章）
2017年7月30日

> **评析：** 这是一则就具体政策在实施过程中遇到的问题，请求上级机关进行解答指示的请示。正文部分向上级机关陈述了在执行政策的实际工作中遇到的具体问题，并且相应提出了一些合理的建议，同时在附件中附录了相关支撑文件。

例文二

扬州市党史方志档案办公室
关于《扬州党史 地方志 档案信息》变更名称的请示

市委宣传部：

　　《扬州党史 地方志 档案信息》为我办主管的内部信息，主要内容是全市史志档案工作信息、运行动态。

　　为了更好地整合党史、地方志、档案"三合一"的资源优势，我办立足于扬州深厚的文化底蕴，秉承"创新、开放、共享"理念，拟对《扬州党史 地方志 档案信息》进行改版，努力为广大史志档案工作者和文史爱好者打造一个探讨理论、发表论文、研究业务、交流经验、传播信息、增长知识的园地和平台。现申请将《扬州党史 地方志 档案信息》更名为《扬州记忆》。

　　以上请示如无不当，请批复

扬州市党史方志档案办公室（印章）
2016 年 11 月 29 日

> **评析：** 这是一则请求批准的请示。标题直接表明请示事项。由于请示只能直呈上级主管机关，所以主送机关只能是市委宣传部。正文部分说明了该杂志请示更名的缘由及必要性，有理有据。最后以"以上请示如无不当，请批复"为结束语，也符合行文规范。

例文三

杭州西湖风景名胜区管理委员会关于要求调拨拆迁安置房的请示

市政府：

　　2000—2009 年间，在市委市政府的关心支持下，我区陆续购买了共计 30 余万平方米的拆迁安置房用于"西湖西进"和西湖综合保护工程等项目，通过坚持不懈的动员外迁和拆房复绿，相关危旧房屋和困难户农（居）民的生活居住条件大为改善，景区的环境、生态品质得到较大提升。经近十年来的安置使用，现有拆迁安置房仅存 1.4 万余平方米。

　　随着景区整治工程的不断推进，目前我区拆迁安置房需重点保障以下项目……

　　以上合计需求 5.3 万平方米，与我区现有存量房源相抵后缺口 3.9 万平方米，恳请市政府协调，予以重点保障。

　　请示复为盼

杭州西湖风景名胜区管理委员会（印章）
2018 年 2 月 24 日

> **评析：** 这是一则请求上级机关解决实际工作困难的请示。该请示结构完整、格式标准，详细而具体地向上级机关汇报了目前工作中遇到的困难，并且在说明问题时，用词准确，特别是运用具体数据来说明问题，使得需要请示解决的问题一目了然，这一点值得借鉴。

例文四

国家工商行政管理总局文件

×商〔××××〕×号　　　　　　　　　　　　　　　　　　签发人：×××

国家工商行政管理总局关于加强工商行政管理工作的请示

国务院：

　　为深化改革，促进社会主义市场经济持续、稳定、发展创造良好的条件，根据国务院赋予工商行政管理机关的职能，进一步拓宽监督管理的广度，增加监督管理的深度，强化监督管理的力度，为此，今年全国工商行政管理局长会议进行了专门研究，对下一步工作提出以下意见：

　　一、进一步依法加强对生产资料市场的监督管理，不断提高集贸市场的管理水平（略）

　　二、加强对国有和集体企业的监督管理，积极支持企业集团的建立和发展（略）

　　三、切实加强对个体、私营经济的监督管理，引导它们健康发展（略）

　　……

　　以上意见如无不妥，请批转各地区、各部门执行。

国家工商行政管理总局（印章）
××××年××月××日

> **评析**：这是一则请求批转性请示。因管理范围导致职权不足，请求上级给予"通行证"。首先陈述了请示的目的。其次是针对工作中存在的问题提出了解决方案，即文中的"意见"，并且条理清晰地逐一列出，这部分如果内容比较多，也可以以附件形式附录在文后。最后恳请上级领导机关批复并且转发各地区、各部门执行。

【写作指导】

　　请示一般由标题、主送机关、正文、落款四部分组成。

　　1. **标题**　请示的标题由发文机关名称、事由和文种构成，如《××县人民政府关于×××××的请示》。写标题要注意，不能将"请示"写成"报告"或"请示报告"，缘由中也不要重复出现"申请""请求"之类的词语。

　　2. **主送机关**　请示的主送机关是指负责受理和答复该文件的机关。每件请示只能写一个主送机关，不能多头请示。

　　3. **正文**　其结构一般由开头、主体和结语等部分组成。

　　（1）开头　主要交代请示的缘由。它是请示事项能否成立的前提条件，是请示事项和要求的理由及依据，也是上级机关批复的根据。因此，缘由务必讲清楚，依据、情况、意义、作用等都要写上，应尽可能地联系全局说明请示事项的迫切性、重要性和必要性。

　　（2）主体　主要说明请求事项，包括办法、措施、主张、看法等。请示的事项，要符合法规，符合实际，具有可行性和可操作性。它是向上级机关提出的具体请求，也是陈述缘由的目的所在。这部分内容要单一，只宜请求一件事，以便上级机关给予明确批复。因此，事项要写得具体、明白。如果请示的事项内容比较复杂，要分清主次，一条一条地写出来，条理要清楚，重点要突出。

（3）结语　应另起一段，习惯用语一般有"以上请示，请批复""以上请示如无不妥，请批复""当否，请批示""妥否，请批复""以上请示，请予审批"或"以上请示如无不妥，请批转各地区、各部门研究执行"等。结语是请示必不可少的一项内容，不能遗漏，更不能含糊其辞。

4. 落款　写于正文右下方，包括署名和日期。先写发文单位，加盖单位印章；下一行写明年、月、日，用阿拉伯数字书写。

● 特别提示 ●

1. 一文一事。一份请示只能写一件事，这是《党政机关公文处理工作条例》所规定的，也是实际工作的需要。如果一文多事，可能导致受文机关无法批复。

2. 单头请示。请示的主送机关必须是所隶属的上级机关，如果是隶属于两个机关，也只能向一个机关请示，另一个采用抄送的方式告知。

3. 不越级请示。一般情况下不得越级请示。这一点，请示与其他行政公文是一样的。如果因特殊情况或紧急事项必须越级请示时，要同时抄送越过的直接上级机关。

4. 注意请示与报告的区别。请示，上级接文后一定要给予批复；报告，不一定给予批复。请示，内容具体单一；报告，可一文一事，也可反映多方面情况。请示，必须事前行文，不能先斩后奏；报告，涉及事项大多已完结或正在进行中，可以事后行文，也可事中行文。

【技能训练】

一、病文修改

★ 阅读下面一则请示，指出其中的错误，并加以改正。

关于要求解决图书馆扩建等问题的请示报告

市人民政府、市教育局：

　　我校今年由于招生规模急剧扩大，现有的图书馆场地较小，藏书较少，不能很好的满足学生的阅读需求，严重影响教学工作的开展。为解决这一困难，我校决定扩建图书馆。另外，我校体育馆也不符合《普通高等学校体育馆设施、器材配备目录》的要求标准，望上级部门给予适当支持。

　　特此请示，请回复。

××市职业技术学院
2018 年 3 月 15 日

二、写作实践

★ 阅读下面两则材料，根据要求写作。

1. ××市金沙区交通分队辖区内的主要马路绵阳路路面狭窄（仅 6 米）。近年来，马路两侧商店、摊档日渐增多，行人拥挤，往往占用马路行走，与自行车、汽车争道，以致交通经常堵塞，引发多起交通事故。为了保证附近单位及行人的安全，××市金沙区交通分队拟从 2018 年 5 月 1 日起禁止 4 吨以上汽车在绵阳路通行，上述车辆可绕道附近的两条路行走。为此，××市金沙区交通分队特向××市交通管理局写了一则请示。请你为××市金沙区交通分队拟写该请示。发文日期 2018 年 4 月 15 日，发文字号自拟。

2. 北京农业职业学院基础部语文教研室有 345 与 340 两个办公室，但是长期以来，只有 345 办公室有一部电话，现在随着学生活动的不断增加，需要与各系部联系的事宜增多，一部电话已明显影响工作效率，现在想申请再装一部电话，请你就此事写一则请示。

第六节 函

作为公文法定文种，函的用途广泛，种类多样。在很多情形下，它与其他主要公文文种同样具有由制发机关权限决定的法定效力。它有别于作为一般书信的信函。

【考考你】

××机电学院实习工厂向××有限公司购买外圆车刀 14 把，200mm 卡尺 50 把，直径 5mm 的钻头 12 支，所有物品由库房管理员赵大勇于 2018 年 7 月 20 日签收。但事后检查，发现有 2 把外圆车刀存在质量问题。××机电学院实习工厂致函××有限公司，希望调换产品。

而××有限公司在收到致函后，复函正文这样写道："7 月 20 日送货时，你方当面验收，说明此事已了结。现在却说有质量问题，这个问题和我方无关，责任在你方。不多谈了，就此搁笔。"

××有限公司的这则复函在措辞上有没有问题？为什么？

【文体知识】

一、概念

函是不相隶属机关之间商洽工作、询问和答复问题、请求批准和答复审批事项时使用的公文文种。

函也称为公函。作为公文的函，与一般的信函不同，使用范围很广，用于不相隶属机关之间的公务往来，也适用于不属于行政组织系统中上下级关系的有关业务主管部门的公务往来。函是平行文。

二、种类

按照内容和作用划分，函主要有以下四类：

1. 商洽函　联系、商洽、协商某项工作，用于不相隶属机关之间。例如，人事调动，业务交往等。提出商议事项和要求的函称为致函，给予答复的函称为复函。

2. 询答函　用于部门、单位之间询问政策性和业务性的问题，或用于需要明确的事项。提出询问的函称为致函，给予解答的函称为复函。这类函既可以用于不相隶属机关之间，在特殊情况下，也可以用于有行政组织关系的上下级之间。

3. 请批函　这类公函用于一方向另一方业务主管部门请求批准某些事项。请批单位与受理机关没有隶属关系，受理机关不具有行政管辖权，只是因政府授权，对某一专项工作具有管理审批的职权。提出请求的函称为致函，即请求批准的函；主管部门审批后所做的答复称为复函，即审批事项的函。

4. 告知函　这类公函用于不相隶属机关之间，一方向另一方告知有关事项、传达某项规定、明确某些事宜等。此类函为主动致函，一般不需要答复。它的作用和内容类似通知，只是由于双方不是上下级关系，使用通知行文不妥，故用函。

三、特点

1. 广泛性　函用于不相隶属机关之间，它的使用不受级别高低、单位大小的限制，上至国务院，下至基层组织、企事业单位、社会团体都广泛使用函。

2. 灵活性　下级机关在工作中遇到问题，需上级机关解释或答复，因为问题小，又不宜使用请示，就可以灵活使用函的方式来行文。

3. 针对性　函有鲜明的针对性，行文应紧紧围绕函中所提出的问题和公务事项来写。且函中所提出的问题和公务事项应该是受文机关有可能解决的。

【例文评析】

例文一

××技术学院关于借调两名英语教师的函

××职业学院：

　　本学期，我学院通识教研室的三名英语教师，一人休产假，一人休病假，导致无法正常完成教学任务。拟从你校临时借调两名英语教师，借调时间为当前一学期。希望得到贵校的支持。

　　是否同意，请予研究函复。

××技术学院（印章）
2018 年 9 月 1 日

评析： 这是一则商洽函，属主动致函。发文机关"××技术学院"和主送机关"××职业学院"两者为平行机关，不相隶属。正文的开头简明扼要地交代了致函的原因，正文的主体直接陈述致函的事项，正文的结尾明确提出期复。一文一事，语言简洁，语气平和，符合函的写作要求。

例文二

××市民政局关于见义勇为行为确认的复函

××大学：

　　你校《关于见义勇为行为如何确认的函》收悉。现将有关事项函复如下：

　　我市见义勇为行为确认以 2017 年 8 月颁布的《××市见义勇为人员奖励和保护条例》为办理依据。所需材料：需组织或者个人关于见义勇为情况的反映或者申请；受益人为见义勇为行为的确认提供证明。办理程序：申请人递交申请→受理→填写表格→作笔录调查取证→

填写处理审批表→复审→确认行为→通知行为人及有关单位。办理时限：90 个工作日。

×× 市民政局（印章）

2018 年 × 月 × 日

> **评析**：这是一则答询函，是 ×× 市民政局针对 ×× 大学关于见义勇为行为确认来函的复函。由标题、主送机关、正文、落款四部分组成。正文以"×× 来函收悉"作开头，然后用"现将有关事项函复如下："转入正文的主体部分。主体部分紧紧围绕见义勇为行为确认事项，从办理依据、所需材料、办理程序、办理时限四方面进行答复，明确且具体。

例文三

国务院办公厅文件

国办函〔2017〕35 号

国务院办公厅关于南海博物馆冠名问题的函

海南省人民政府：

你省《关于使用"国家南海博物馆"机构名称的请示》（琼府〔2017〕12 号）收悉。经国务院领导同志同意，现函复如下：

南海博物馆馆名可定为"中国（海南）南海博物馆"。

国务院办公厅（印章）

2017 年 4 月 5 日

> **评析**：这是一则请批函的复函。它符合严格的限定条件，属于典型的"函复请示"。请示的受文机关是国务院，而受命用"函"答复请示的部门是国务院的公文管理机构——办公厅；"经国务院领导同志同意"，表明国务院办公厅是经过请示的受文机关领导的批准才行文的，且把经过批准的情况写进复函的正文中作为函复的依据。

例文四

×× 省物价局文件

× 价费函〔2016〕44 号

×× 省物价局关于重新明确船舶交易服务收费标准的函

省交通运输厅、海洋与渔业厅：

为规范船舶交易服务收费行为，保护交易双方的合法权益，促进交易市场的健康发展，现将我省船舶交易服务收费的有关问题明确如下：

一、我省船舶交易服务机构依法开展船舶交易服务，按照实际交易额采取差额累进计价方式收取服务费用，收费标准为：50 万元（含）以下部分不超过 0.8%，50 万~300 万元（含）部分不超过 0.4%，300 万元以上部分不超过 0.25%。

二、船舶交易服务费包含船舶交易过程中的鉴定、勘验、评估等服务费用，收费单位不得另行收取其他任何费用，并按规定做好收费公示工作，自觉接受物价部门和社会的监督。交易服务收费应使用税务票据，照章纳税。

三、本规定自2016年6月1日起执行，有效期至2019年5月31日。

××省物价局（印章）
2016年5月18日

评析： 这是一则告知函。××省物价局对省交通运输厅、海洋与渔业厅不具有行政管辖权，与后两者之间属于不相隶属机关的关系。但其部门职能决定了其对船舶交易服务收费标准的专项工作具有管理审批的职权。因此，以函的方式将具体规定告知传达给对方，实际上起到了通知的作用。

【写作指导】

函由标题、主送机关、正文、落款四部分组成。

1. 标题　标题由发文机关名称、事由和文种组成，即"发文机关＋事由＋文种"，如《××市民政局关于同意××同志申报见义勇为行为的复函》。分一行或多行居中排布。

2. 主送机关　即受文并办理来函事项的机关单位，应当使用机关全称、规范化简称或者同类型机关统称。写在标题下空一行顶格处，后标冒号。

3. 正文　一般由开头、主体、结尾组成。

（1）开头　主要说明致函或复函的缘由。致函一般要求概括交代致函的目的、根据、原因等内容；复函的开头，首先引叙来文的标题、发文字号或直接写"××来函收悉"，然后用"现将有关事项函复如下："或"经××同意"等过渡语转入下文。

（2）主体　这是函的核心部分，主要说明致函或复函的事项。函的事项部分内容单一，一函一事，行文要直陈其事。无论是商洽工作、询问或答复问题，还是向有关主管部门请求批准事项等，语言要准确简练，叙述要条理明晰。如果属于复函，还要注意答复事项的针对性和明确性。

（3）结尾　通常使用"盼复""请即复函""特此函告""特此函复"等作结束语，也可以省略。

4. 落款　写于正文右下方，包括署名和日期。先写发文单位，加盖单位印章；下一行写明年、月、日，用阿拉伯数字书写。

---◎ **特别提示** ◎---

1. 无论致函还是复函，都不要拐弯抹角，应开门见山，直陈其事，篇幅不宜过长，措辞得体，态度谦和。

2. 函作为平行文，不管是致函还是复函，都采取一文一事的写法。写致函时，本着一事来写，或咨询，或商洽，或请求，或告知；写复函时，针对致函作答，避免节外生枝。

3. 明确请批函与请示的区别。向有隶属关系的上级机关请求指示、批准事项时用请示，而向没有隶属关系的业务主管机关请求批准有关事项，则用请批函。

4. 准确理解"以函代复"。对于下级机关的"请示"，由上级机关进行批复时要使用"批复"，但当这种批复是由上级机关的办公厅（室）代行时，由于它们之间形成了一种平行关系，故用"函"代替"批复"来行文，这就是通常所说的"函代批复"。

【技能训练】

一、病文修改

★ 阅读下面一则函，指出其中的错误，并加以改正。

关于姑苏区人民法院对绣园拍卖问题的函

姑苏区人民法院：

绣园是始建于清代的苏州园林，余觉、沈寿夫妇曾在此创办同立绣校，九十年代由政府修复后售与私人，2015年列入由苏州市人民政府公布的第一批《苏州园林名录》。

《中华人民共和国文物保护法》第二十五条规定："非国有不可移动文物不得转让、抵押给外国人。"《苏州园林保护和管理条例》第十八条规定："非国有的苏州园林需转让的，应当根据保护级别报相应的园林主管部门备案；由当地人民政府出资帮助修缮的，应当报相应的园林主管部门批准。"鉴于绣园属于非国有的苏州园林，正由贵法院强制拍卖，特致函贵院。同时，应告知参拍者必须履行保护管理好绣园的义务。

此致

敬礼

2016年8月25日
苏州市园林和绿化管理局

二、写作实践

★ 阅读下面材料，根据要求写作。

1. 根据《教育部 共青团中央 全国少工委关于加强中小学劳动教育的意见》、《市委市政府关于推进义务教育优质均衡发展的意见》等文件精神，××市教委将组织城区初中二年级学生到郊区劳动教育基地进行学农教育，每批次教育为期一周，每年度上、下半年各10周。由于现有劳动教育基地不足，××市教委拟在本市××农场建设劳动教育基地，为此，××市教委特地致函××农场，商洽此事。

请以××市教委的名义拟写致函。

2. 根据上题的内容：××市××农场接到××市教委的致函后，复函表示愿意与对方合作，但提出，有一些具体事宜需进一步商讨。

请以××农场的名义拟写复函。

第五单元 | 相关链接

☆《党政机关公文格式》国家标准十二个主要变化
（2012年7月1日执行）

一、版头（原标准中称眉首）部分的主要变化

变化1：秘密等级和保密期限、紧急程度的位置

《国家行政机关公文格式》（GB/T 9704—1999）规定，秘密等级和保密期限、紧急程度顶格标识在版心右上角。

《党政机关公文格式》（GB/T 9704—2012）规定，秘密等级和保密期限、紧急程度顶格编排在版心左上角。

变化2：发文机关标识的位置（不含信函格式）

《国家行政机关公文格式》（GB/T 9704—1999）规定，发文机关标识上边缘至版心上边缘为25mm（即发文机关标识距上页边为62mm）。对于上报的公文，发文机关标识上边缘至版心上边缘为80mm（即发文机关标识上边缘距上页边为117mm）。

《党政机关公文格式》（GB/T 9704—2012）规定，发文机关标识居中排布，上边缘至版心上边缘为35mm（即发文机关标识上边缘距上页边为72mm）。因此，无论行文方向如何，现在均统一为上边缘至版心上边缘为35mm。

二、主体部分的主要变化

变化3：公文标题

国务院《国家行政机关公文处理办法》（国发〔2000〕23号）规定，公文标题应当准确简要地概括公文的主要内容并标明公文种类，一般应当标明发文机关。在实际工作中，一些省、市规定，下行文要标注发文机关，平行文、上行文不标注发文机关。

中共中央办公厅、国务院办公厅《党政机关公文处理工作条例》（中办发〔2012〕14号）规定，标题由发文机关名称、事由和文种组成。而该条例给出的公文样式，也明确标识了公文标题包括发文机关名称。

因此，无论公文行文方向如何，现在公文标题均应包括发文机关名称。

另外，《党政机关公文格式》（GB/T 9704—2012）进一步明确了标题排列的要求，规定标题排列应当使用梯形或菱形。

变化4：发文机关署名

《国家行政机关公文格式》（GB/T 9704—1999）规定，单一机关制发的公文在落款处不署发文机关名称，只标识成文时间。

中共中央办公厅、国务院办公厅《党政机关公文处理工作条例》（中办发〔2012〕14号）在第三章"公文格式"增加了"发文机关署名"，规定署发文机关全称或者规范化简称。《党政机关公文格式》（GB/T 9704—2012）规定，单一机关行文时，一般在成文日期之上、以成文日期为准居中编排发文机关署名。

变化5：成文日期使用阿拉伯数字

《国家行政机关公文格式》（GB/T 9704—1999）规定，成文时间用汉字将年、月、日标全；"零"写为"〇"。

《党政机关公文格式》（GB/T 9704—2012）规定，成文日期中的数字用阿拉伯数字将年、月、日标全，年份应标全称，月、日不编虚位（即1不编为01）。因此，成文日期应写为"2012年7月18日"的形式，不再使用"二〇一二年七月十八日"的形式。

变化6：附件标志的字号字体明确为3号黑体字

《国家行政机关公文格式》（GB/T 9704—1999）规定，附件应与公文正文一起装订，并在附件左上角第1行顶格标识"附件"，但未明确应使用何种字体字号。

《党政机关公文格式》（GB/T 9704—2012）规定，"附件"二字及附件顺序号用3号黑体字顶格编排在版心左上角第一行。

三、版记部分的变化

变化7：版记中的分隔线

《国家行政机关公文格式》（GB/T 9704—1999）对分隔线（当时称为反线）未作过多规定。

《党政机关公文格式》（GB/T 9704—2012）规定，版记中的分隔线与版心等宽，首条分隔线和末条分隔线用粗线（推荐高度为0.35mm），中间的分隔线用细线（推荐高度为0.25mm）。首条分隔线位于版记中第一个要素之上，末条分隔线与公文最后一面的版心下边缘重合。

变化8：抄送的字号变为4号

《国家行政机关公文格式》（GB/T 9704—1999）规定，公文如有抄送，左空1字用3号仿宋体字标识"抄送"。

《党政机关公文格式》（GB/T 9704—2012）规定，如有抄送机关，一般用4号仿宋体字。

变化9：印发机关和印发日期的字号变为4号

《国家行政机关公文格式》（GB/T 9704—1999）规定，印发机关和印发时间用3号仿宋体字。

《党政机关公文格式》（GB/T 9704—2012）规定，印发机关和印发日期一般用4号仿宋体字。

变化10：主题词取消

国务院《国家行政机关公文处理办法》（国发〔2000〕23号）和《国家行政机关公文格式》（GB/T 9704—1999）规定应使用主题词。

《党政机关公文格式》（GB/T 9704—2012）则明确了删除主题词格式要素。

四、其他部分的变化

变化11：页码的字体明确为宋体

《国家行政机关公文格式》（GB/T 9704—1999）规定，页码用4号半角白体阿拉伯数码标识。（注：宋体、仿宋体、楷体、魏书等都是白体）

《党政机关公文格式》（GB/T 9704—2012）规定，页码一般用4号半角宋体阿拉伯数字。

变化12：横排表格的页码位置

《国家行政机关公文格式》（GB/T9704—1999）规定，公文如需附表，对横排A4纸型表格，应将页码放在横表的左侧，单页码置于表的左下角，双页码置于表的左上角。

《党政机关公文格式》（GB/T 9704—2012）规定，A4纸型的表格横排时，页码位置与公文其他页码保持一致。

☆ 公文的专用语

公文有一套完整的专用术语。公文的行文既然有上行文、下行文、平行文，这些不同的行文关系就需要不同的专门用语表述。行文中间部分的承接、结尾等，也需要使用相应固定的用语。公文专用语表现为事务性专用语、业务性专用语和介词词组三部分：

1. 事务性专用语。大体分为两类：

一类是起行文作用的专用语，包括开端用语、期请用语、表态用语、征询/期复用语、称谓用语、结尾用语等，见下表：

	专用语名称	所用术语	适用情况
1	开端用语	"为了""根据""按照""遵照""关于""兹"	用于上行文、下行文、平行文，表示依据、目的等
2	期请用语	"请""希请""拟请""希""希即遵照"	一般用于下行文，"请""希"，上、下行文可通用
3	表态用语	"可引""不可""同意""照办"	一般用于下行文
4	征询/期复用语	"当否""是否可行""请批示""请回复""请指示"	用于上行文"请示""报告"末尾
5	称谓用语	"本（部）""我（部）""你（部）""该（部）"	上、下、平行文通用
6	结尾用语	"为盼""为要""为荷"	用于平行文末尾

另一类是起承接作用的专用语，包括经办用语、引叙用语、综述用语、过渡用语等。

	专用语名称	所用术语	适用情况
1	经办用语	"经""业经""兹经"	说明工作处理过程、处理时间、前后经过等
2	引叙用语	"得悉""悉知""前接""近接"	一般用于下行文
3	综述用语	"综上所述""有鉴于此"	一般用于下行文
4	过渡用语	"为此""对此"	用于上行文"请示""报告"末尾，也可用于下行文

2. 业务性专用语。不同的业务领域，形成各自的业务术语。这些业务领域如法律、军事、财经、商贸、金融等，每一个行业领域，都有自身的专用语。例如法律，就有"刑法""量刑""诉讼""原告""被告""起诉"等。

3. 介词词组。公文中使用大量介词词组，形成较为固定的句式，以便为公文的固定语体特点服务。常用的介词，有以下几种：

表缘由："由于""因""鉴于"；表对象："对""对于"；表目的："为了""为"；表范围："关于""除了""将"；表根据："根据""依照""按照""遵照"；表方式："在""随着""通过""以"；表结果："致使""使"。

第六单元　司法文书

第一节　委托书

在日常生活或工作中,当我们受到时空制约或因缺少专业知识等原因无法亲自办理某项事情时,可以委托他人代理自己办理。这种代理是一种民事法律行为,需要当事人向代理人授权并制作委托书。

【考考你】

张某委托李某购买一台机器设备,却没有说清楚型号。签完委托书后,李某很快就从××有限公司订购了一台售价12万元人民币的机器设备,并且给付了2万元的定金。李某随后把机器设备的名称、型号等信息以邮件形式发送给张某,张某这才发现机器设备型号与自己预期的不一致。于是,张某要求李某退货。但依照《中华人民共和国合同法》规定,2万元定金无法退还。

你认为张某应当给付李某所付的2万元定金吗?为什么?

【文体知识】

一、概念

委托书是指当事人为把代理权授予委托代理人而制作的一种法律文书。它是代理人在被代理人授予的权限范围内进行民事活动或者参加诉讼活动的书面证据。

委托书是在诉讼活动和非诉讼活动中可以交叉使用的一种特殊法律文书。

二、种类

1. 民事诉讼委托书。它是委托代理人为被代理人进行诉讼活动的依据,规定着委托代理人的代理权限,委托代理人有了诉讼代理权,才能在代理范围内为被代理人实施诉讼行为,如起诉、答辩等。

如果需要变更或解除代理权时,被代理人应以书面形式报告人民法院,并通知有关当事人。案件审结，已作裁判，或双方和解，民事诉讼委托书的效力即告终结，代理权同时消失。

2. 民事代理授权委托书　它是非诉讼性的委托代理文书，由被代理人委托代理人在一定权限范围内进行民事法律行为，如委托他人出卖或管理房屋、代签合同、领取毕业证等。

三、特点

1）委托代理是基于委托人的委托授权而产生的。委托授权在委托代理中具有决定性的意义。它不同于由法律的直接规定而产生的法定代理，也不同于由指定机关依职权进行指定而形成的指定代理。

2）委托代理中的代理人，也叫受托人，既可以是公民个人，也可以是取得法人资格的代理机构。前者如企业职员受企业法人代表的授权委托，代理企业与第三人签订经济合同，或如甲公民受乙公民的委托代其购买一套住房。后者类型很多，如进出口代理商、保险代理商、广告代理商等。

3）委托代理人在代理权限范围和时间内实施的民事行为或诉讼行为所产生的法律后果，均应由被代理人承担。

【例文评析】

例文一

诉 讼 委 托 书

委托人：沈某平，男，汉族，××年×月×日出生，××市××公司职工。
住址：××市××路××号　　联系电话：×××××××××××
代理人：蒋某军，男，汉族，××年×月×日出生，××市××律师事务所律师。
住址：××市××区××室　　联系电话：×××××××××××

现委托上述代理人蒋某军在我与张××遗产纠纷一案中，作为我的诉讼代理人。
委托权限：起诉、出庭、承认、变更、放弃诉讼请求，参加调解，进行和解。
委托期限：至本案审理终结时止。

委托人　沈某平
2017 年 4 月 9 日

评析：这是一则民事诉讼委托书。首部的标题中的"诉讼"两字，区别了民事诉讼活动与非讼的民事活动。委托书中的代理人即受托人，或称被委托人。委托人、代理人的个人基本情况明确，委托事项清楚，委托权限具体，委托期限明晰。正文右下方的落款部分，有委托人署名及日期。这是一则结构完整、合法有效的委托书。

例文二

授 权 委 托 书

××仲裁委员会：
　　兹委托下列人员在我方与××商贸集团因纠纷引起的争议仲裁案中，作为我方仲裁活动代理人：

（1）姓名：赵某　　性别：男　　年龄：42岁　　工作单位：××律师事务所
　　职务：律师　　固定电话：××××××××　　手机：×××××××××××
　　电子信箱：×××@sina.com　　　　　　　　传真：×××××××
　　联系地址：××市××区 ××苑××楼×室　　邮编：××××××
　　代理权限：代为提出、承认、变更、撤回、放弃仲裁请求。

（2）姓名：钱某　　性别：男　　年龄：37岁　　工作单位：××市××商城
　　职务：处长　　固定电话：××××××××　　手机：×××××××××××
　　电子信箱：×××@sohu.com　　　　　　　　传真：×××××××
　　联系地址：××市××区 ××大厦×室　　　　邮编：××××××
　　代理权限：代为接受调解、和解。

（3）姓名：孙某　　性别：男　　年龄：45岁　　工作单位：××市××公司
　　职务：经理　　固定电话：××××××××　　手机：×××××××××××
　　电子信箱：×××@163.com　　　　　　　　 传真：×××××××
　　联系地址：××市××区 ××大厦×室　　　　邮编：××××××
　　代理权限：代为约定仲裁庭组成方式、选定仲裁员。

委托单位 ××市××商城（盖章）

法定代表人 李某（盖章）

2018年1月6日

评析：这是一则民事代理授权委托书。上述例文格式的委托书主要是供法人或其他组织使用的。该委托书事先已经有明确第三人，因此写明致送单位，即称谓。由于涉及多个代理人，故列出每个代理人的基本信息，明确各自的委托权限。由于委托人是法人，因此落款由法定代表人签字盖章并加盖公章。

例文三

委 托 书

委托人：周某　　性别：男　　民族：汉　　职业：会计师
身份证号：××××××××××××××××　　手机：×××××××××××
住址：××市××区 ××苑××楼×室

受托人：马某　　性别：男　　民族：汉　　职业：教师
身份证号：××××××××××××××××　　手机：×××××××××××
住址：××市××区 ××花园××栋×室

　　本人周某，欲购买××区 ××家园××室的一套二手房屋（房产证号为：××××××）。现因本人工作繁忙，不能亲自办理相关手续，特委托马某作为我的合法代理人，代表我办理如下事项：

1. 代为办理该房产立契过户、税务登记及与之相关的一切手续。
2. 代为领取房产证。
3. 代为签署与交易有关的合同文件等。

4. 代为办理银行放款手续及贷款资金的划转、解冻等与之相关的一切手续。

对委托人在办理上述事项过程中所签署的有关文件，我均予以认可，承担相应的法律责任。委托期限：自签字之日起至上述事项办完为止。

委托人　周某
2019 年 6 月 20 日

> **评析：** 这是一则民事代理委托书，属于非诉讼性的委托代理文书。结构完整，由首部、正文、落款三部分组成。首部标题醒目，委托人和受托人的姓名、性别、职业、身份证号、联系电话、住址等基本信息齐全；正文部分委托事项、委托权限、委托期限三要素完备，特别是采用条目式——列出委托权限，更是清晰明了；落款署名、日期齐全。

【写作指导】

委托书的制作没有统一规定的格式，基于不同用途，委托书的格式不尽相同。但一般由首部、正文、落款三部分组成。

1. 首部

（1）标题　第一行居中写明"授权委托书"，或者为了区别民事诉讼活动与非诉讼的民事活动，写为"诉讼委托书"或"委托书"。

（2）委托人和受托人的基本信息　标题下一行空两格写。一般包括委托人和受托人的姓名、性别、民族、年龄、工作职务、身份证号、联系地址、联系电话等。如果委托人是法人，则应写明法人的全称、地址及法定代表人。

需要强调的是，如果事先已经有明确第三人，就需要在授权委托书中加上致送单位，这样能固定授权委托书的使用范围，受托人再向其他人出具授权委托书，对委托人不产生法律效力。致送单位，即称谓，标题下一行顶格写。

2. 正文　包含以下三项内容：

（1）委托事项　如民事诉讼委托书，要写明案由是继承案、损害赔偿案还是债务纠纷案等。如民事代理，要写明是代理接受继承、办理纳税、申请专利还是购买房屋等。但是按照《中华人民共和国民法通则》第六十三条第三款规定："依照法律规定或者按照双方当事人约定，应当由本人实施的民事法律行为，不得代理。"如具有人身性质的遗嘱、收养子女、婚姻登记等法律行为不能由他人进行代理。

（2）委托权限　即写明受托人的权限范围。要把受托人有什么权限一项一项列清楚，避免在列举委托权限后面加上"等"这样的字样，这会带来授权不明的法律风险。在代理中，被代理人授予代理人代理权的范围有三种情况：一次委托，即代理人只能就受托的某项事务办理民事法律行为；特别委托，即代理人受托在一定时期内办理同类性质的民事法律行为；总委托，即代理人受托在一定时期就某项事务以及与此事务有关的一系列活动办理的民事法律行为。在民事诉讼代理中，委托代理权分为两种：一般委托，即委托代理人只能代当事人进行一般的诉讼行为，如提出证据、申请财产保全等；特别委托，即委托代理人受托进行某些重大诉讼行为，如有权代理当事人承认、变更、放弃诉讼请求，有权与对方当事人和解等。

（3）委托期限　对诉讼代理人来说，只要人民法院审理案件终结，诉讼结束，委托代理权即告消失。如系非诉讼的委托书，还要视委托的事项写明委托期限，委托期限届满，不管委托事项完成与否，委托就自然终止；如不注明期限，则以委托事项完成为委托终止。

3. 落款　写在正文右下方　这部分主要写明两项内容：当事人署名和委托的日期。委托人应在授权委托书上签字盖章，委托人是法人的，应由法定代表人签字盖章并加盖公章；写明委托的日期。

◆ 特别提示 ◆

1. 委托书授权不明的，被代理人应当向第三人承担民事责任，代理人负连带责任。
2. 委托书的权限必须写得具体、明确。委托书上未授予的权限，委托人无权代理。
3. 委托书制作后，如有必要还需有法律上的证明。根据法律规定或者委托人与受托人之间的协议，需经公证方认为有效的，还应办理公证。以确保委托行为的真实性、合法性，避免发生纠纷。
4. 无行为能力人（如未成年人、精神病人等）不能实施委托行为；限制行为能力人必须经监护人允许，才能实施委托行为。

【技能训练】

一、病文修改

★ 阅读下面一则委托书，指出其中的错误，并加以改正。

个人委托书

委托人：赵某，男
住址：××市××路××号　　联系电话：×××××××××
代理人：陈某，女
住址：××市××区××室　　联系电话：×××××××××

由于本人在国外参加重要会议，不能亲自办理收养李小小的相关手续，特委托陈某作为我的合法代理人，全权代表我办理相关事项，对代理人在办理上述事项过程中所签署的有关文件，我均予以认可，并承担相应的法律责任。

委托人　赵某
2019 年 6 月 3 日

二、写作实践

★ 阅读下面两则材料，根据要求写作。

1. 吴刚是××大学的大四毕业生，正在外地参加某公司的封闭培训，培训结束时间为 2019 年 7 月 15 日。学校要求毕业生 2019 年 7 月 10 日返校领取毕业证，且务必学生本人亲自领取。为此，吴刚特地写了一则委托书，委托同学常昊代理领取毕业证。

请以吴刚的名义拟写该委托书。

2. 冯平是西北人，但工作、生活都在北京。每年到了秋冬季节，冯平的皮肤就变得异常粗糙干裂，为了改善这一现象，2019年"五一"期间他特地在山东威海定购了一套海景房，计划退休后移居威海。由于他本人工作繁忙，无法亲自办理银行贷款，故委托朋友江涛前往威海代理其办理银行贷款手续。

请以冯平的名义拟写一则委托书。

第二节 遗嘱

现实生活中，很多人因为对《中华人民共和国继承法》了解不多，加上对遗嘱的避讳，造成遗产处理不当，导致家庭风波不断。可见，立遗嘱既是一种财产保护方式，也是对自己、对家人负责任的行为，无须避讳。公民生前订立遗嘱是社会文明进步的体现。

【考考你】

王某生有二子，王大和王二，王某的妻子和儿子王二在几年前的一场意外中不幸过世。王二的妻子亦改嫁，只留下尚未成年的孙子王某利由王某抚养、照顾。在王某利十八岁那年，王某结识了陈某并在同一年办理了结婚登记。为了尽量弥补孙子自小就失去的父爱，王某对王某利疼爱有加，并在自己生病后的某天，在妻子陈某的见证下书写了一份遗嘱，把自己名下70平方米的房产交由王某利一人继承。可能是由于当时疏忽或者是其他的原因，这份自书遗嘱一直都没有签上落款日期。

2017年王某过世后，王某利主张自己对王某遗留的房产具有全额继承权，要求把房产过户到自己名下。

你认为王某利的主张有法律依据吗？为什么？

【文体知识】

一、概念

遗嘱是自然人生前按照法律规定处分自己的财产及安排与财产相关的事务，并于死后发生法律效力的单方民事法律行为。

二、种类

根据《中华人民共和国继承法》第十七条规定，遗嘱的法定形式有以下五种：

1. 自书遗嘱　遗嘱人亲笔书写，签名，注明年、月、日的遗嘱。自然人涉及死后个人财产处分的书信或日记等文件，有本人签名及日期的，亦按自书遗嘱对待。

2. 代书遗嘱　由遗嘱人口述遗嘱内容，他人代为书写而制作的遗嘱。代书遗嘱须同时具备以下条件方为有效：①有2个以上见证人当场见证；②其中1个见证人代书；③代书人、其他见证人、遗嘱人均签名，遗嘱人不会书写名字的，可按手印代替。

3. 录音遗嘱　应当有两个以上见证人在场见证，否则无效。

4. 口头遗嘱　遗嘱人在危急情况下，可以立口头遗嘱，但应当有两个以上见证人在场见证，否则无效。当危急情况消除后，遗嘱人能够用书面或者录音形式立遗嘱的，所立的口头遗嘱无效。

5. 公证遗嘱　经遗嘱人亲自申请，经公证机关公证的为公证遗嘱。在五种遗嘱中，公证遗嘱效力最高，其他四种遗嘱不得撤销、变更公证遗嘱。

在五种遗嘱中，代书遗嘱、录音遗嘱、口头遗嘱都须有两个以上的见证人在场。为保证遗嘱的真实性和严肃性，下列三类人员不能作为遗嘱见证人，违反者将导致遗嘱无效：①无行为能力人或限制行为能力人；②继承人、受遗赠人；③与继承人、受遗赠人有利害关系的人，如合伙人、债权人等。

三、特点

1. 遗嘱是单方法律行为　遗嘱是基于遗嘱人单方面的意思表示，即可发生预期法律后果的法律行为。

2. 遗嘱人必须具备完全民事行为能力　限制行为能力人和无民事行为能力人不具有遗嘱能力，不能设立遗嘱。

3. 设立遗嘱不能进行代理　遗嘱的内容必须是遗嘱人的真实意思表示，应由遗嘱人本人亲自做出，不能由他人代理。

4. 遗嘱是遗嘱人死亡时才发生法律效力的行为　死亡前遗嘱可以变更、撤销，因此，遗嘱必须以遗嘱人的死亡作为生效的条件。

【例文评析】

例文一

遗　嘱

本人，张某康，男，1950年1月5日出生，身体健康、神志清醒。妻子已去世多年，目前，我个人名下财产均是妻子去世后，我一人合法获得。今天立本遗嘱，对我个人所有的财产在我百年之后，作如下处理：

位于××区××苑11号楼3单元301室房屋一套（面积90平方米）及屋内所有物品，归我大儿子张某泽所有；位于××区××花园3号楼2单元802室房屋一套（面积85平方米）及屋内所有物品，归我小儿子张某江所有；工商银行定期存款100万元（壹佰万元）及利息以及其他财产归我女儿张某丽所有。本遗嘱由大儿子张×泽保管。

此据

立遗嘱人　张某康
2019年2月6日

> **评析**：这是一则自书遗嘱。立遗嘱人特别强调了自身的健康状况及其所处置的财产是个人合法所得。关于其身后财产处置清晰明了，包括财产的名称、数量、分配给哪个继承人等，都做了清楚说明。另外，也提及了遗嘱归谁保管的事宜。落款署名及日期齐全。如果能注明立遗嘱的地点则更佳。

例文二

遗　嘱

立遗嘱人：何某悦，女，汉族，39岁，身份证号：×××××××××××××××××

立遗嘱地点：×××××××××

本人身患癌症已有3年，病情日趋严重。现属婚姻存续期间，夫妻育有一子，今年14岁。为防止遗产继承纠纷，特立本遗嘱，内容如下：

一、夫妻主要共有财产如下：

1. 坐落于××市××路××小区×号楼×单元×室商品房一套（房产证编号：××××××），面积106平方米。

2. 坐落于××市××区××苑×号楼×单元×室商品房一套（房产证编号：××××××），面积112平方米。

3. 农业银行定期存款80万元（捌拾万元），账号：×××××××。

4. 工商银行理财产品50万元（伍拾万元）：安邦财险，合同编号：××××××。

二、对于上述夫妻共有财产中归属于本人的一半，本人去世之后全部归儿子刘某继承。

三、本遗嘱由我朋友赵某梅保管。

立遗嘱人　何某悦
2019年8月9日

> **评析：** 这是一份自书遗嘱。遗嘱人系夫妻关系中的一方，由于尚未对夫妻共有财产进行析产，故遗嘱人将夫妻主要共有财产列明，且明确表明只处置夫妻共有财产中的一半，遗嘱合法有效。遗嘱人既最大限度地保障了儿子的权益，也避免日后发生纠纷。这则遗嘱中，遗嘱人的基本信息包括姓名、性别、民族、年龄、身份证号等齐全，立遗嘱的时间、地点明确。

例文三

遗　嘱

立遗嘱人：陈某松，汉族，男，51岁，身份证号：××××××××××××××××××

立遗嘱地点：×××××××××

由于本人患有严重心脏病，为防止意外死亡和遗产继承纠纷，特请王某浩和周某杰作为见证人（此二人与本人家庭成员无任何利害关系），并委托宏正律师事务所张某德律师代书遗嘱（因本人于车祸中右手受伤残疾书写不便），遗嘱如下：

一、本人现有主要财产如下：

1. 坐落于××市××路169号××大厦×室房屋一套（房产证编号：××××××），面积105平方米。

2. 建设银行定期存款150万元（壹佰伍拾万元），账号：×××××××。

3. 宝马5系加长版轿车一辆，车牌号：XCC-5688。

4. 股票若干，中信证券公司，账号：××××××。

二、对于上述财产，本人处理如下：

1. ××大厦×室房屋由本人儿子陈某立继承。

2. 建设银行存款150万元（壹佰伍拾万元）及利息由本人女儿陈某兰继承。

3. 宝马轿车由本人儿子陈某立继承。

4. 中信证券的股票由本人母亲吴某贞继承。

5. 其他财产由本人女儿陈某兰继承。

三、希望大家尊重本人的遗愿，和平处理遗产继承事宜。

四、本遗嘱一式三份，由张某德、王某浩、陈某立各保存一份，具有同等法律效力。

立遗嘱人：陈某松

代书人：张某德

见证人：王某浩

见证人：周某杰

2019年8月20日

评析： 这是一则代书遗嘱。有2个以上合乎条件的见证人，其中1个作代书人，代书人、见证人、遗嘱人均签名，符合代书遗嘱要件，且遗嘱人说明了请人代书的缘由。遗嘱正文涵盖了立遗嘱的目的、财产的具体处理、遗嘱人的要求和遗嘱书的处置等事宜。总之，这是一份内容完备、要素齐全、合法有效的代书遗嘱。

【写作指导】

一、自书遗嘱

1. **标题** 首行居中处写"遗嘱"或"自书遗嘱"，切忌写成"遗书"或"遗言"。

2. **前言** 写明立遗嘱人的基本信息，包括姓名、性别、民族、年龄、身份证号、身体健康状况等；注明立遗嘱的地点；说明立遗嘱的目的，即处理财产的意思表示，如"我立本遗嘱，对我所有的财产，作如下处理"等内容。

3. **正文** 包括以下几项内容：①财产的具体处理，应写明财产的名称、数量及其所在地，遗留给何人，具体写明由哪一个人继承哪些财产。②遗嘱人的要求。③遗嘱书的处置。

4. **落款** 写于正文右下方，包括署名和日期。先写立遗嘱人并签名盖章；下一行写明年、月、日。

特别提示

1. 自书遗嘱中所处理的财产必须是自己的合法财产，不能处置配偶的财产。

2. 遗嘱必须保留未成年人的财产份额，否则无效。

3. 自书遗嘱必须由立遗嘱人全文亲笔书写、签名，注明写作的年、月、日。遗嘱打印、缺少签名或没有注明写作日期，均无效。

二、代书遗嘱

1. 标题　首行居中处写"遗嘱"或"代书遗嘱"。

2. 前言　写明立遗嘱人的基本信息，包括姓名、性别、民族、年龄、身份证号、身体健康状况等；注明立遗嘱的地点；说明立遗嘱的目的；交代代书的缘由；写出见证人、代书人的姓名等。

3. 正文　包括以下几项内容：①财产的具体处理，应写明财产的名称、数量及其所在地，遗留给何人，具体写明由哪一个人继承哪些财产。②遗嘱人的要求。③遗嘱书的处置。

4. 落款　写于正文右下方，包括署名和日期。代书人、见证人、遗嘱人均签名，遗嘱人不会书写名字的，可按手印代替。日期由代书人书写。

● 特别提示 ●

1. 代书遗嘱不是代书人按照自己的意思设立遗嘱，而是代书人按照遗嘱人的意思表示，如实地记载遗嘱人口述的遗嘱内容，而不可对遗嘱内容做出任何更改或修正。

2. 代书完毕，代书人必须向遗嘱人和其他见证人宣读遗嘱全文，或者传阅；并经遗嘱人审阅全文后，至遗嘱人完全同意和认可为止。

3. 遗嘱代书人属于见证人，应当具有完全的民事行为能力，不是未成年人或者精神上、智力上不健全的人，且代书人必须不是继承人、受遗赠人，也不是与继承人有利害关系的人。

4. 代书遗嘱形式适用于遗嘱人不会用文字表达处分财产的真实意思或者因某种原因不能亲笔书写遗嘱的情况。

【技能训练】

一、病文修改

★阅读下面一则遗嘱，指出其中的错误，并加以改正。

遗　书

立遗嘱人：马某树　男，汉族，65岁，身份证号：××××××××××××××××××
本人患有心脏病，为防止意外死亡引发遗产继承纠纷，特立本遗嘱，内容如下：
一、本人和妻子的主要财产如下：
1. 位于××区商品房一套，面积98平米；
2. 位于××区商品房一套，面积102平米；
3. 银行定期存款100万元（壹佰万元）。
二、对于上述财产，处分如下：
1. 两套房子及室内物品由我大儿子马某元继承；
2. 银行存款及利息由我小儿子马某初继承；
3. 其它财产由我妻子李某宝继承。

三、本遗嘱由我大儿子马某元保存。

立遗嘱人　马某树
5月6日

二、写作实践

★ 阅读下面材料，根据要求写作。

李某有一子一女，其中儿子甲于2016年死亡，当时甲有一女乙刚满7岁。甲妻于次年改嫁，乙由爷爷抚养。近年，李某感觉自身健康状况不佳，为防止自己身后发生遗产纠纷，特立了一份遗嘱。李某现有主要财产为两套房子、50万元存款及尼桑×系轿车一辆。请你以李某的名义拟一则遗嘱。

第六单元 ｜ 相关链接

☆ 受胁迫、欺骗所立的遗嘱无效

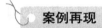

王某早年丧偶，有两个儿子甲和乙。甲常年驻守边疆，很少回家。2005年11月，王某患脑炎住院，生命垂危。次子乙故意向甲隐瞒父亲病危的消息，并且同时向王某编造谎言声称甲已在边防因公牺牲。王某信以为真，悲痛欲绝，并立下书面遗嘱将全部个人财产交由次子乙继承。不久，王某去世。乙遂召回远在边疆的甲，并向其出示父亲的遗嘱。甲对此抱有怀疑，并经多方打听才得知事情真相而将其弟告上法庭。

【疑问】王某的遗产应如何处理？

【解惑】由甲和乙继承。王某的遗嘱系受欺骗所立，因而无效。乙虽有欺骗行为，但并不因此导致继承权的丧失。按照法定继承，王某的遗产由甲和乙继承。

☆ 自书遗嘱不可以废除公证遗嘱

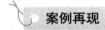

江某与妻子李某育有两子甲和乙，他们的生活一直由大儿子甲照顾。二老在2008年底亲自写下遗嘱，将属于他们的三居室楼房交由甲继承，并对遗嘱进行了公证。但2010年后，甲随女儿到外地生活，二老的生活由江某的小儿子乙照顾至今。今年年初，二老又重新写下一份遗嘱，表明那套三居室楼房由小儿子乙继承，并特意注明以前的公证遗嘱作废。

【疑问】这样立遗嘱有效吗？自书遗嘱可以废除公证遗嘱吗？

【解惑】《中华人民共和国继承法》明确规定，遗嘱人可以撤销、变更自己所立的遗嘱。立有数份遗嘱，内容相抵触的，以最后的遗嘱为准。自书、代书、录音、口头遗嘱，不得撤销、变更公证遗嘱。江某、李某二老立的两份遗嘱中，虽然第二份自书遗嘱说明第一份公证遗嘱作废，但这是不合法的，自书遗嘱不能撤销公证遗嘱。因此，江某、李某二老所立的第一份公证遗嘱有效，第二份自书遗嘱无效。如果二老想以第二份遗嘱内容为准，则需再做一次公证。

☆ 打印遗嘱有效吗

案例再现

孙某甲系被继承人孙某平与冯某会的独生子，2003年7月孙某平与冯某会诉讼离婚。2004年8月11日赵某与孙某平结婚，婚后无子女。孙某乙系孙某平的父亲。孙某平因病于2017年9月1日去世。孙某甲向法院提起诉讼，要求法定继承。赵某向法院提交一份"落款日期显示为2014年8月20日，第二页立遗嘱人处有孙某平字样的签名，见证人处有黄某的签名"的打印遗嘱，要求遗嘱继承。

【疑问】赵某能实现遗嘱继承吗？

【解惑】打印遗嘱不符合自书遗嘱的相关要件，不是自书遗嘱。仅有遗嘱人和一位见证人签名的打印遗嘱，不符合代书遗嘱的相关要件，遗嘱无效。适用法定继承处理孙某平的遗产，孙某平遗留的招商银行账户存款26万元由赵某享有4/6、由孙某乙、孙某甲各享有1/6；孙某平住房公积金账户余额19733.26元、个人企业年金资金余额（未扣税费的金额为296655.26元，实际分割数额以可领取的实际数额为准）由赵某享有4/6，由孙某乙、孙某甲各享有1/6。

☆ 个人委托书全权代理的问题

1. 全权代理又称全权委托，简单理解就是委托人能干的事受托人都能干。因为全权委托的受托人的权限过大，但受托人毕竟不是委托人本人，并不能像委托人那样保护自身的利益，所以法律对全权代理还是有所限制的。代理具体可分为民事代理和诉讼代理，前者指代理委托人实施民事行为，后者指代理委托人实施民事诉讼行为。

2. 在诉讼代理场合，法律对于"全权代理"有明确规定。《最高人民法院关于适用＜中华人民共和国民事诉讼法＞的解释》中第八十九条明确规定，授权委托书仅写"全权代理"而无具体授权的，诉讼代理人无权代为承认、放弃、变更诉讼请求，进行和解，提出反诉或者上诉。也就是说诉讼代理人想实施上述处分当事人实体权利或与实体权利密切相关的诉讼权利，必须要有当事人明确的特别授权，如果仅表述成"全权代理"，诉讼代理人是无权实施上述行为的。

3. 在民事代理场合，"全权代理"并没有像诉讼代理那样有明确的规定。在民事代理场合，如果授权委托书中写明"全权代理"的一般会被认定为有效，代理人可以为被代理人所为的一切行为，且行为的后果由被代理人承担。

在民事代理场合，"全权代理"也有可能被认定为授权不明，从而由被代理人与代理人向第三人承担连带责任。所以说在民事代理场合，还是需要把代理人的代理权限写清楚，不要图省事就写全权代理。

☆ 数个代理人中的部分代理人的侵害行为，该由谁来承担责任

根据《中华人民共和国合同法》第四百零九条的规定："两个以上的受托人共同处理委托事务的，对委托人承担连带责任。"

这是原则性的规定，司法解释有特殊的规定，《最高人民法院关于贯彻执行〈中华人民共和国民法通则〉若干问题的意见》第七十九条规定："数个委托代理人共同行使代理权的，如果其中一人或者数人未与其他委托代理人协商，所实施的行为侵害被代理人权益的，由实施行为的委托代理人承担民事责任。被代理人为数人时，其中一人或者数人未经其他被代理人同意而提出解除代理关系，因此造成损害的，由提出解除代理关系的被代理人承担。"

☆ 代理人在怎样的情况下承担民事责任

在授权委托书不明、无权代理（效力待定的民事行为）、数个代理人之间、转委托授权不明和选任不当的情况下，代理人都要承担责任。除了这些，代理人在下列情况下也要承担责任：

（1）不履行职责的行为　根据《中华人民共和国民法通则》第六十六条第二款的规定："代理人不履行职责而给被代理人造成损害的，应当承担民事责任。"

（2）代理人与第三人恶意串通的行为　根据《中华人民共和国民法通则》第六十六条第三款的规定："代理人和第三人串通、损害被代理人的利益的，由代理人和第三人负连带责任。"

（3）违法活动行为　根据《中华人民共和国民法通则》第六十七条的规定："代理人知道被委托代理的事项违法仍然进行代理活动的，或者被代理人知道代理人的代理行为违法不表示反对的，由被代理人和代理人负连带责任。"

☆ 在什么情况下委托代理终止

根据《中华人民共和国民法通则》第六十九条的规定："有下列情形之一的，委托代理终止。①代理期间届满或者代理事务完成；②被代理人取消委托或者代理人辞去委托；③代理人死亡；④代理人丧失民事行为能力；⑤作为被代理人或者代理人的法人终止。"

关于被代理人死亡以后，委托代理人实施的代理行为的效力，根据《中华人民共和国民法通则》第八十二条规定："被代理人死亡后有下列情况之一的，委托代理人实施的代理行为有效。①代理人不知道被代理人死亡的；②被代理人的继承人均予承认的；③被代理人与代理人约定到代理事项完成时代理权终止的；④在被代理人死亡前已经进行、而在被代理人死亡后为了被代理人的继承人的利益继续完成的。"

第七单元 毕业论文

第一节 毕业论文写作

毕业论文是大学生在校学习期间最后一个综合性实践教学环节,是培养大学生综合运用所学知识解决实际问题,实现教育人才培养目标的关键环节。每位大学生必须参加毕业论文的实践教学环节,认真撰写毕业论文,成绩合格,方能毕业。

【考考你】

判断以下参考文献分别属于何种类型?

1. [12] French, W. Between Silences: A Voice from China [N]. Atlantic Weekly, 1987 - 8 - 15 (33).
2. [4] 冯西桥. 核反应堆压力管道和压力容器的 LBB 分析 [R]. 北京:清华大学核能技术设计研究院, 1997: 9 - 10.
3. [7] GB/T 16159—1996, 汉语拼音正词法基本规则 [S]. 北京:中国标准出版社, 1996.

【文体知识】

一、概念

毕业论文是高校应届毕业生总结性的独立作业,是为检验学生学习成果,锻炼学生独立分析问题和解决问题的能力,根据专业培养目标,选择某一课题,在教师的指导下,综合运用所学基础理论、专业知识和基本技能,撰写的用以表达科研成果和阐述学术观点的说理性文章。

二、目的与要求

通过完成毕业论文,总结学生在校期间的学习成果,使学生受到实际工作各环节的初步训练,培养学生运用所学的知识和技能解决生产、建设、管理、服务等一线实际问题的能力。

1. 培养学生掌握实际工作的能力,即如何设计工作方案、搜索和阅读文献资料、进行调查研究、专业设计、实验与数据处理、使用工具书和撰写论文等。

2. 培养学生实事求是、严肃认真的工作作风。

3. 培养学生刻苦钻研、勇于创新的科学精神。

三、特点

1. 科学性　在立论上，不带偏见，不主观臆造，必须切实地从客观实际出发；在论据上，应尽可能多地占有资料；在论证时，必须经过周密的思考、严谨的论证。

2. 创造性　要有自己独到的见解，能提出新的观点、理论。

3. 理论性　毕业论文在形式上属于议论文，但它与一般议论文不同，必须有自己的理论系统，不能只是材料的罗列，应对大量的事实、材料进行分析、研究，使感性认识上升到理性认识。

4. 平易性　要用通俗易懂的语言表述科学道理，做到准确、鲜明、文从字顺，力求生动。

5. 程序性　毕业论文一般要经过前期准备、选题、拟定提纲、写作、修改、定稿、提交答辩、成绩评定、院校审核等环节才能最后通过。

【例文评析】

例文

（封面与目录略）

浅谈建筑装饰工程中工程测量的重要性及实践经验

××农业职业学院水利与建筑装饰工程系　建装0711　刘×

摘要：工程测量是建筑装饰工程施工中不可缺少的一个环节，它对工程的建设起到数据参考和指导的作用。本文从测量是对耐力甚至毅力的考验、测量学要求绝对精准、测量学应用于众多领域三个方面，具体论述工程测量在建筑装饰工程中的重要性及实践心得。

关键词：工程测量；精准；实践经验

测量学是一门具有悠久历史的学科，由于生产和生活的需要，人类社会在远古时代，测量工作就被应用于生产实践。我很荣幸，在大学时接触并能逐渐去深刻了解这门学科。众所周知，早在尧舜时期，大禹治水就已使用了"准、绳、规、矩"四种测量工具和方法。秦代通过测量确定一年的长短为365.25天，与罗马人的儒略历相同，但比其早四五百年。宋代的《统天历》，测定一年为365.2425天，与现代值相比，只有26秒的误差，可见天文测量在古代就已被重视并且有了很大发展。在当今社会更是广泛应用于诸多领域，例如：国民经济建设、国防建设、科学研究、建筑装饰设计，这些都与测量学息息相关。

一、测量是对耐力甚至毅力的考验

测量这项工作绝不是单纯的算算数、跑跑腿，它对于一个人的耐力甚至毅力都有着极高的要求。测量是对一个人、一个集体耐力的考验，一次不成就得两次，两次不成就得三次四次甚至更多。要获取一组数值，之前要做很多的准备工作，而最后想要得到最精确的结果，则需要付出更多的时间和精力，然而即使这样也不见得会有最满意的答案。每个数值、每组数据都要十分精确，这对一个人做事的认真程度也是不小的考验。测量有很多限制因素，比如天气的影响、仪器自身的变化等都会影响最后的数值，这要求我们要有充分的思想准备和耐心来对待每一次的失败，不能随便放弃。无论是炎炎夏日还是冰天雪地，我们都要有坚定的信念为一组数据而奋斗。这对于组员之间的默契程度、团结协作精神也有很高的要求。

二、测量学要求绝对精准

在大一的测量实训过程中，我们遇到了在当时看来前所未有的困难。从一开始，经纬仪的长水准管总是要半天才能调平，严重地影响了我们组的工作进度。为了训练出高速度，我们每个人在宿舍分别练习调平，反复的矫正，直至照准部转到任何位置不超过半个格为止。对于圆水准仪的检验矫正，也摸索出可以利用已矫正好的水准管整平仪器。最后挑选出整平最快的一位同学，每次由他来进行这项工作。在测角度的时候，发现生态园内的几点有不小的偏差，我们就又进行了反复的测量，排除仪器不平、一个人测等问题，最后发现是瞄对中竿时没有瞄尖端处，因而才出现了不小的误差。及时发现了这个问题，我们在后来的测量中也都改正过来。用经纬仪测角度时，往往由于粗心大意而产生诸多错误，如测角时仪器没有对中整平、望远镜瞄目标不准确、度盘读数读错、记录记错和拧错制动螺旋等。因此，我们在后来的测量中都特别注意了以下几点：

1. 仪器的安置方法

（1）仪器安置的高度要适合，三脚架要踩牢固；观测时不要手扶或碰动三脚架，转动照准部和使用各种螺旋时，用力要轻。

（2）对中、整平要准确，测角度要求越高或边长越短的，对中要求越严格；如观测的目标之间高低相差较大时，更应该注意仪器整平。

（3）水平角观测的过程中，如同一测回内发现照准部水准管气泡偏离居中位置，不允许重新调整水准管气泡居中；若气泡偏离中央超过一格时，则需要重新整平仪器，重新观测。

（4）测竖直角时，每次读数之前，必须使竖盘指标水准管气泡居中或将自动归零开关设置"ON"位置。

（5）标杆要立直于测点上，尽可能用十字丝交点瞄准标杆测钎的基部；竖角观测时，宜用十字丝切于目标的指定位置。

（6）观测水平角时，同一个测回不能转动度盘变换手轮或按水平度盘复测按钮。

2. 造成误差出现的因素

误差在我们的测量过程中随时都会出现，原因也是多方面的。由于仪器构造的不完善、制造和装备的误差、检验矫正的残余误差、运输和使用过程中一些状况的变化等，都会导致观测结果产生误差。例如，在用只刻有厘米分划的普通水准尺进行测量时，就难以保证估读的毫米值完全准确。同时，仪器因装配、搬运、磕碰等原因存在着自身的误差，如水准仪的视准轴不平行于水准管，就会使观测结果产生误差。还有在观测方面也存在着不小的误差，由于观测者的视觉、听觉等感官鉴别能力有一定的限制，所以在仪器的安置、使用上均会产生误差，如整平误差、照准误差、读数误差等。同时，观测者的工作态度、技术水平和观测时的身体状况等，也是对观测结果质量有直接影响的因素。

环境上的误差可以说是最难避免的，因为测量工作都是在一定的外界环境条件下进行的，如温度、风力、大气折光等因素，这些因素的差异和变化都会直接对观测结果产生影响，也必然使观测结果产生误差。有时遇到山坡，架子很难支平，我们就尽量找合适的角度、平整的地方，有时还需要同学去扒开树枝，以免挡住观测仪器的同学的视线。但工作做得再细致，误差还是难以避免。

最近遇到最困难的测量工作就是小地区控制测量。一不小心少测一个点就会影响到画图工作，所以我们就要先仔细观察要测的地区，大致记住各个物体的空间位置，还需要一位同学先画出一张草图。画图时更要十分细心，度数偏差一点就会影响整个制图，因此我们每次都先在纸上勾勒出大体的位置，然后再用点来核对。就这样我们解决了一个又一个的实际问题，锻炼了自己的动手能力，积累了不少的实践经验。

三、测量学应用于众多领域

测量学的内容丰富，涉及面大，是现代高新技术互相渗透的结果。其研究和服务对象、范围越来越广，重要性越来越显著。在国民经济建设、国防建设、科学研究、建筑装饰设计等领域中，发挥着重要的作用。尤其在园林建设中应用非常广泛，如在进行园林规划设计、园林苗圃设计时，首先必须了解该地区地面起伏的高低、坡向和坡度的变化情况及道路、水系、房屋、植被等地物的分布情况，以便合理地进行各种园林景观的综合规划设计。在国防建设中的作用更是十分重要。在军事上，首先由测绘工作提供信息，在战略部署和战役的指挥中，除必需的军用地图外，还需要进行目标的观测定位，以便进行有效打击。

特别要强调测量学在工程建设当中的作用，像建筑、交通运输、水利水电等各项工程的勘测、规划、设计、施工、竣工及运营背后的监测及维护都需要进行测量工作。例如，在勘测设计各个阶段，需要勘测地区的地形信息和地形图，或电子地图，供工程规划、选址和设计时使用。即便是家庭住宅的室内外装修，测量依旧很重要。从开始的毛坯房就要做好系统的规划，墙面的高度、踢脚线顶棚的设计、地板的铺设等都要测量准确，因为这都将关系到以后材料的准备，乃至家具的摆放。所以说测量所涉及的范围是极其广泛的，它大到宇宙星空，小到家居设计。万丈高楼要想平地起，没有测量是不可能的。

总之，在掌握课堂讲授内容的同时，更需要认真参加实践实训课程，以巩固和验证所学的理论。教学实习是一个系统的实践环节，只有自始至终认真完成各项作业的实习，才能对测量学系统理论知识有一个完整的、系统的认识。测量人员必须坚持认真严肃的科学态度，实事求是地做好记录工作，要求做到内容真实、完善，书写清楚、整洁。同时，必须用铅笔记录。如果记录有错误，不要用橡皮擦掉，要用铅笔把它划掉，然后将正确的数据写在旁边，以保持记录的"原始性"，不能随意更改数据或测量结果。仪器是测量工作的工具，因此，作为测量人员要养成爱护仪器、正确使用仪器的良好习惯。还要坚持时时处处按照《工程测量规范》作业的原则，以保持测量工作和成果的严肃性；树立和加强检核工作的高度责任感，以保证数据的正确性；测量工作大多是集体作业，有的是外业工作，环境条件较差，因而要有团结协作、吃苦耐劳的工作精神，保证测量工作的顺利进行！

【参考文献】

[1] 王云江. 建筑工程测量 [M]. 北京：中国建筑工业出版社，2009.

[2] 王旭. 建筑工程测量与勘察 [M]. 武汉：华中科技大学出版社，2008.

评析： 这是一篇由大专院校建筑装饰专业毕业生所写的毕业论文，基本符合论文的格式要求。标题揭示论文主旨，摘要从研究意义、方法和结论三方面概括了正文的主要内容，关键词很好地代表了论文的核心词汇，正文由前言、本论和结论三部分组成，参考文献格式规范。正文主要采用总结的形式写作，与论文主要采用论述论证的方法稍有差异，论文也稍显稚嫩，但贵在主要都是学生本人在学习实践中所思、所做、所感，也值得借鉴。

【写作指导】

一、毕业论文的选题

选题对于毕业论文的写作尤为重要，只有确定了研究和探讨问题的方向和目标，才有利于提高论文的学术价值和写作的成功率，有助于作者主观能动性的发挥和研究能力的提高。

1. 原则　应遵循以下六大原则：①时代性原则，要顺应时代潮流，体现时代特征。②法律性原则，要在国家法律允许的条件下进行，不得选取违背国家法律的题目。③科学性原则，必须符合基本的科学原理。④理论性原则，不能过于感性，感性的题目直接影响论文的创作。⑤创新性原则，要有新意，尽量向人所未道或人所不能道的领域开拓。⑥可行性原则，要有可完成性，要结合自身实际，难易适中。

2. 步骤　大处着眼，统观全局，着眼于整个专业领域和其他相关科学领域；小处入手，具体选定，找准需要进一步研究和探讨的问题，具体安排题目。

3. 途径和方法　①专业领域中选题，要瞄准专业领域中研究的热点课题，或选择专业领域中的空白领域，或争鸣性的课题。②实践中寻找，选择社会实践中期待解决的课题，或社会实践中自己熟悉的课题。③文献中挖掘，在阅读和研究大量资料的基础上继承和发展前人的成果，并进行思考，从中获得启迪，找到所需课题。④从自己感兴趣的课题中选择。⑤在开拓性领域或学术前沿性问题中选题。

二、编制论文提纲

1. 制订计划　制订一个科学、具体、可行的写作计划，对完成论文的帮助很大。

2. 收集、整理资料　这是一个很重要的环节，是论文写作的基础。要选择那些能突出主题、真实、准确、新颖、生动、典型的材料，采用先宽后窄、由粗到细的方法进行搜集。一是利用图书馆，查找书籍、报纸、学术期刊等文献资料；二是上网搜索，利用网络搜集相关资料；三是实地调查，通过多种调查方法、座谈会、访问等形式获取资料；四是通过科学实验和科学观察，获得第一手的事实资料。

3. 编写提纲　即论文的总体构思。从整体着眼，先对观点和材料进行编排，使之成为次序清楚、思路清晰、足以说明某一问题的论文轮廓，然后用文字依照顺序将其记录下来，形成提纲。提纲的内容有：①文章的标题及副标题。②论文的中心思想及论文的写作意图、选题理由、题材价值等。③内容纲要，一般包括绪论、本论、结论。④主要参考资料。

三、毕业论文的结构与写法

毕业论文一般由封面、中文摘要、关键词、目录、论文正文、注释、附录、参考文献、致谢组成。

1. 封面　一般采用学校提供的统一封面，内容包括：题目、系别、专业（方向）、班级、学生姓名、学号、指导教师姓名等。其中，论文的中文题目应简短、明确、有概括性，一般不超过 20 个汉字（不同院校要求不同），也无须单独的题目页。

2. 中文摘要　摘要是对论文的内容不加注释和评论的简短陈述，要求摘取原文中的基本信息，包括研究目的、方法、成果及结论，是一篇具有独立性和完整性的小短文，字数控制在 200~300 字以内。

3. 关键词　关键词是反映毕业论文主题内容的名词，一般从论文的题名、层次标题和正文（出现频率较高且比较关键的词）中选取 3~5 个词汇，并按词条的外延（概念范围）层次从大到小排列，词之间用分号或逗号隔开。

4. 目录　目录为论文各组成部分的层次标题，应简明扼要，一目了然。标题文字居左，页码居右，之间用连续三连点连接。标题需转行的，转行后的标题文字应缩进 1 字处理。

5. 论文正文　正文是论文的主体，一般由文字、图、表格和公式构成。正文部分包括：绪论（或前言、序言）、本论及结论。

绪论内容一般为综合性评述前人工作，主要说明论文写作的目的，现实意义，对所研究问题的认识，并提出论文的中心论点等。前言要写得简明扼要，篇幅不要太长。

本论是毕业论文的主体，包括研究内容与方法、实验材料、实验结果与分析（讨论）等。在本部分要运用各方面的研究方法和实验结果，分析问题，论证观点，尽量反映出自己的科研能力和学术水平。

结论是整个论文的总结，是对本论中的观点所作的归纳，表明总的看法和意见，加深题意。

6. 注释　论文写作过程中，需要在正文之外加以阐述和说明的问题。

7. 附录　一些不宜放在正文中，但有参考价值的内容。

8. 参考文献　主要是指论文写作中参考或直接引用的所有专著、论文及其他资料，一般按文中参考或引证的先后顺序进行排列。所列参考文献应是正式出版物，以便读者考证。所列举的参考文献要标明序号、著作或文章的标题、作者、出版物信息。

文献类型代码有：专著 M、期刊文章 J、论文集 C、报纸文章 N、学位文章 D、研究报告 R、标准 S、专利 P、专著或论文集中的析出文献 A、其他未说明的文献类型（如字典）Z。不同类型的参考文献，其书写格式及内容略有不同（具体内容可以自行参阅 GB/T 7714 – 2015《信息与文献 参考文献著录规则》）。

例如：

[1] 刘国钧，陈绍业. 图书馆目录 [M]. 北京：高等教育出版社，1957：15 – 18.

[2] 何龄修. 读南明史 [J]. 中国史研究，1998 (3)：167 – 173.

[3] 张筑生. 微分半动力系统的不变集 [D]. 北京：北京大学数学系数学研究所，1983.

9. 致谢　简述自己写作毕业论文的体会，并对指导教师和协助完成论文的有关人员或组织表示感谢。

> **特别提示**
>
> 1. 好论文的4C标准：①Clear，思路清晰，概念清楚，层次清楚，表达清楚。②Complete，内容完整，结构完整匀称，切忌虎头蛇尾，有始无终。③Correct，科学内容正确（不出错），资料数据正确（数据可靠，可信），语言正确（无语法错误）。④Concise，论述深刻，充分揭示其科学内涵。
> 2. 正确选题。选题是否合适将决定论文写作的成败。要选择有价值、难易适中而自己又比较感兴趣的论题来写作。
> 3. 论文正文总体的规范化要求为结构合理、文字通顺、数据翔实、书写工整、图表规范、标点正确、无错别字，所用单位一律采用国家公布的法定计量单位。
> 4. 编写好写作提纲后，尽可能在最短时间内完成初稿。初稿不要求精美。
> 5. 初稿完成后，马上查找有无遗漏重要材料，并修改或重写一遍。修改时，重点考虑论点是否新颖，论证是否符合逻辑，结构是否需要调整。同时，对文字和标点符号进行仔细检查和推敲。每一篇定稿的论文，都需要经过多次认真的修改。

【技能训练】

★ 根据论文参考文献的标准格式要求，进行规范化书写。

1. 选自计算机辅助设计与图形学学报1998年第10卷第6期，由陈建勋、马恒太撰写的论文《动态计算圆弧并面积的一个新算法》之第221到226页。
2. 选文来自毛峡的论文《绘画的音乐表现》，该文收录在中国人工智能学会2001年全国学术年会论文集第739到740页中，由北京邮电大学出版社当年出版。
3. 美国人由E.博登海默编写，邓正来翻译的《法理学——法律哲学与法律方法》一书，于1998年由中国政法大学出版社出版。
4. 1998年12月27日《光明日报》第3版刊载的《经济全球化的重要性》，作者李大伦。

第二节 毕业论文答辩

大学生在完成毕业论文写作后，还要经历最后一关，那就是毕业论文答辩。因此，毕业生应全力以赴迎战论文答辩，切莫功亏一篑，影响毕业。

【文体知识】

一、概念

毕业论文答辩是一种有组织、有准备、有计划、有鉴定的比较正规的审查论文的重要形式，是对已完成论文的最后审核和检验，也是对学生学术水平和研究能力的综合考核。它由问、答、辩构成，是教师和学生之间的双向教学活动。

二、毕业论文答辩的组织形式及准备工作

为了做好毕业论文答辩工作，在举行答辩会前，校方、答辩委员会、答辩者三方都要作好充分的准备。

1. 校方的准备工作

（1）审查学生参加毕业论文答辩的资格　凡是参加毕业论文答辩的学生，要同时具备以下三个条件：①必须是已修完高等学校规定的全部课程的应届毕业生和符合有关规定并经过校方批准同意的上一届学生。②学生所学课程必须是全部考试、考查及格的；实行学分制的学校，学生必须获得学校准许毕业的学分。③学生所写的毕业论文必须经过导师指导并有指导老师签署同意参加答辩的意见。

（2）组织答辩委员会或答辩小组　答辩委员会是审查和公正评价毕业论文、评定毕业论文成绩的重要组织保障。答辩委员会由学校和学校委托下属有关部门统一组织。答辩委员会一般由三至五人组成，其中应有两人或两人以上具有高级或中级职称，从中确定一位学术水平较高的委员为主任委员，负责答辩委员会会议的召集工作。

（3）拟订毕业论文成绩标准　毕业论文答辩以后，答辩委员会要根据毕业论文以及学生的答辩情况，评定论文成绩。为了使评分宽严适度，大体平衡，学校应事先制定一个共同遵循的评分原则或评分标准。一般分为优、良、中、及格、不及格五个档次。

2. 答辩委员会的准备工作

答辩委员会成员确定以后，一般要在答辩会举行前半个月把要答辩的论文分送到答辩委员会成员手里。答辩委员会成员接到论文后，要认真仔细地审读每一篇要进行答辩的论文，找出论文中论述不清楚、不详细、不确切、不周全之处以及自相矛盾和有值得探讨之处，并拟定在论文答辩会上需要论文作者回答或进一步阐述的问题。

答辩老师拟题提问是遵循一定原则且有一定方向的。拟题原则：不超纲，即所提出的问题在论文所涉及的学术范围之内；出题方向：从检验真伪、检测能力、完善不足三个方面出题。

3. 答辩者的准备工作

要顺利通过答辩，保证论文答辩质量，答辩者需在答辩前，从以下几方面积极准备：

（1）写好毕业论文的简介　主要内容应包括论文的题目，选择该题目的动机，论文的主要论点及写作体会等。

（2）熟悉自己所写论文的全文　首先，要把握论文的脉络，可以采用列提纲的方式，将论文的中心论点、分论点、论据以及论证过程——列出；其次，真正理解论文中涉及的相关概念及内涵；最后，仔细推敲论证是否具有严密的逻辑性。

（3）了解和掌握与自己所写论文相关的知识和材料　如自己所研究的论题在学术界的研究中已经达到了什么程度？存在着哪些争议？有几种代表性观点？各有哪些代表性著作和文章？自己倾向哪种观点及理由；重要引文的出处和版本；论证材料的来源渠道等。

【答辩指导】

一、答辩的一般过程

答辩委员会一般由 5~9 人组成，下设若干答辩小组，每组由 3~5 人组成，其具体答辩

步骤如下：

1）答辩组长宣读答辩纪律，宣布答辩学生姓名和论文题目。

2）指导教师介绍学生的简单情况。

3）答辩人作10~15分钟的自述报告，概述论文的标题以及选择该论题的原因，较详细地介绍论文的主要论点、论据和写作体会。要求简明扼要，重点突出。

4）答辩组长准备好3个答辩问题，并宣读给答辩人。

5）答辩人一般有15~20分钟的准备时间。

6）答辩人开始答辩。

7）答辩人逐一回答完所有问题后退场，答辩委员会根据论文质量和答辩情况，集体商定是否通过，并拟定成绩和评语。

8）召回答辩人，由主答辩老师（组长）当面向学生就论文和答辩过程中的情况加以小结，肯定其优点和长处，指出其错误或不足之处，并加以必要的补充和指点，同时当面宣布答辩是否通过。

二、答辩的简单技巧

1. 图表穿插　图表不仅是一种直观的表达观点的方法，更是一种调节论文答辩会气氛的手段，更利于答辩委员会成员对答辩人论述内容的接纳和吸收。

2. 语速适中　进行毕业论文答辩的同学一般都是首次，答辩时，说话速度往往越来越快，以致答辩委员会成员听不清楚，影响了毕业答辩效果。因此，答辩人一定要注意在论文答辩过程中的语流速度，要有急有缓，有轻有重。

3. 目光移动　毕业生在论文答辩时，一般可脱稿，可半脱稿，也可完全不脱稿。但不管哪种方式，都应注意自己的目光，要时常地看向答辩委员会成员及会场上的同学们。这是用目光与听众进行心灵的交流，使听众对自己的论题产生兴趣的一种手段。

4. 体态语辅助　虽然毕业论文答辩同其他论文答辩一样以口语为主，但适当的体态语运用会使自己的论文答辩效果更好。特别是手势语言的恰当运用，会显得自信、有力、不容辩驳。

● 特别提示 ●

1. 准时参加，千万不要迟到。这一点至关重要。

2. 认真听取答辩老师的问题，并用笔做好记录。如果没有听清，可以心平气和地举手请老师重复。

3. 准备问题时，边想边写，草拟问题答案和提纲。

4. 答辩时，要对主持答辩的专家表示尊敬。开始回答专家提问时，可以这样说："谢谢您的提问""请允许我从以下的角度回答您提出的问题"等。回答完毕之后，可以说："以上的回答也许存在缺点和不足，请您指导"等。

【技能训练】

根据自己的论文，回答以下问题。

1. 为什么选择这个课题？

2. 研究这个课题的目的和意义是什么？
3. 全文的基本框架、基本结构是如何安排的？
4. 全文各部分之间的逻辑关系如何？
5. 在研究本课题的过程中，发现了哪些不同见解？对这些不同的意见，自己是怎样逐步认识的？又是如何处理的？
6. 论文虽未论及，但与其较密切相关的问题还有哪些？
7. 还有哪些问题自己没有搞清楚，在论文中论述得不够透彻？
8. 写作论文时立论的主要依据是什么？

第七单元 | 相关链接

☆ 毕业论文写作指南

◆ 重积累，早准备
◎ 平时注重材料积累
◎ 记录任何细小感悟
◎ 提早选定论文题目

◆ 查资料，全又新
◎ 尽全力多渠道搜寻相关资料
◎ 资料要全要新
◎ 尽量多搜集其他语种的相关资料

◆ 善总结，多研究
◎ 总结收集到的资料
◎ 重视相关文章的注释
◎ 研究同类文章的异同处

◆ 列提纲，重逻辑
◎ 选题确定，思考论文的整体构架
◎ 列出论文的具体提纲
◎ 注重提纲的逻辑性

☆ 毕业论文答辩技巧

◆ 做好心理准备
◎ 克服怯场心理
◎ 树立自信意识
◎ 提前模拟演练

◆ 做好资料准备
◎ 带上自己的论文
◎ 带上相关图表类资料
◎ 带上笔和笔记本

◆ 做好发言提纲准备
◎ 论文选题缘由
◎ 选题的目的和意义
◎ 论文各部分之间的逻辑关系
◎ 论文的主要依据

◆ 仪表仪态得体
◎ 注意开场白、结束语的礼仪
◎ 声音洪亮，吐字清楚，语速适中
◎ 神情自然，不卑不亢，落落大方
◎ 认真思考，审慎回答，态度谦虚

☆ 毕业论文答辩开场白

示例

各位老师：

　　下午好！我叫赵××，是文法系1401班的学生。

　　我的论文题目是"试论新时期秘书人员的能力结构"，论文是在张×导师的悉心指点下完成的。在此，我向我的导师表示深深的谢意！向参加我论文答辩的在座各位评委老师表示衷心的感谢！下面我将对本论文的目的和主要内容作汇报，恳请各位老师批评指导。

☆ 毕业论文答辩结束语

示例

　　最后，我想谈谈这篇论文和系统开发存在的不足。这篇论文的写作以及系统开发的过程也是我越来越认识到自己知识与经验缺乏的过程。虽然我尽可能地收集材料，竭尽所能运用自己所学的知识进行论文写作和系统开发，但论文还是存在许多不足之处，……系统功能并不完备，有待改进。请各位评委老师多批评指正。

　　再次感谢！

附 录

附录A 对 联

对联是中华民族传统文化中不可分割的一部分,既是文学园地中的瑰宝,又是人民生活中应用十分广泛的实用文种,千百年来为各个阶层的人们广泛传播。中华民族有着深厚的联语文化积淀。

一、概念

以对偶的形式和有规则的声律组成的联语就是对联。对联分为上联和下联,两联的字数要相等,意思或相联、或相对、或相反。

二、种类

对联的种类十分丰富,不同的群体、行业、社团组织及生活场景,都可以有相关的联语来表述各自的特点。常见的种类如下。

1. 春联　庆祝春节喜庆场景的对联叫春联,一般在除夕晚上或大年初一的早晨张贴在大门两侧,右为上联,左为下联。

财源滚滚随春到
喜气洋洋伴福来

2. 婚联　张贴在新婚庆典处,也是右为上联,左为下联,表示对新郎新娘的祝福或结婚盛典的礼赞。

花开并蒂姻缘美
鸟飞比翼恩爱长

3. 寿联　为年高德劭者祝寿,称颂对方功业德行或祝愿长寿。

福同天地共在
寿与日月同辉

4. 挽联　为逝世的人写的对联,表示对逝者的缅怀悼念,也含有追念逝者功劳业绩的意思。

长篇小说《红岩》中，狱中战友为龙章华烈士就义送行的挽联：

是七尺男儿生能舍己
做千秋雄鬼死不还家

5. **楹联**　张贴在庙宇、亭台、楼阁、人物纪念堂大门或廊柱两侧，显示这些建筑物或地域或人物的不同历史背景、文化内涵、风格气质等。

西湖岳飞像前歌颂岳飞，痛斥奸臣秦桧等人的对联：

青山有幸埋忠骨
白铁无辜铸佞臣

6. **行业联**　显示某种行业的特点或者其本身的优胜之处，或者为了招徕顾客而写的对联。

生药成药是药三分毒
中医西医为医一片心

——医联

生意兴隆通四海
财源茂盛达三江

——商联

7. **厅堂联**　张贴在室内正堂、书房或卧室两侧，显示主人的爱好、志趣、学养等特点的对联。

富于笔墨穷于命
老在须眉壮在心

——书房联（清　郑板桥）

8. **交际联**　友人题赠或人际交往中题答的对联，表示双方关系密切或切磋学问等。

人生得一知己足矣
斯世当以同怀视之

——鲁迅赠瞿秋白联

9. **座右铭联**　激励自己学习或成就某种事业，时刻提醒自己不断奋斗进取的对联。

海纳百川有容乃大
壁立千仞无欲则刚

——清　林则徐

立身以立学为先
立学以读书为本

——宋　欧阳修

三、作用

1. **通过对联来表现时代精神风貌**　例如，"国际歌 穿云裂石飞天外；马列书 热风红雨润心田"，这副对联，是20世纪70年代倡导读马列著作、大唱国际歌时的作品。

2. 通过对联弘扬正气讴歌英雄人物　例如杭州岳庙对联："天下太平 文官不爱钱 武将不惜死；乾坤正气 在下为河岳 在上为日星"。引用岳飞"文官不爱钱，武将不怕死，则天下太平矣"的话，以及文天祥《正气歌》中的诗句，歌颂著名将领岳飞清廉、勇武的高尚品德，塑造英雄形象。

3. 通过联语抒发情怀、表明心志、激励上进　有的对联具有鲜明的个性色彩，表现出独特的精神气质。周恩来年轻时，就理想坚定，志存高远，他通过"浮舟沧海，立马昆仑"这副对联明志，气魄不同凡响。

4. 通过对联歌颂祖国大好河山、锦绣田园　"洞庭西下八百里，淮海南来第一楼"是湖南岳阳楼对联；"泉自几时冷起，峰从何处飞来"是明代董其昌为杭州飞来峰写的对联。

四、对联写作要求

1. 对联中的联语总是两两相对，上联和下联的字数相同，句式相等　联语的字数没有固定的限制，两联总和字数多者几十字甚至上百字，少者只有六至八个字，但上联多少字，下联一定取相同的字数。字的组成形式也十分活泼，如可以写成四字、五字或七字句。同时，对联上下两联句式要相等，主谓结构对主谓结构，动宾结构对动宾结构。

2. 对联中上下联的词或短语都必须是对偶的形式　讲究对偶是对联的特色，如"晴对雨""后对先""大陆对长天"；"肥对瘦""浅对深""剑胆对琴心"等。

3. 联语的平仄相间　对联与古代律诗中的颔联和颈联要求有相似之处，即要求结构成为平仄相间的格式。所谓平仄，按照现代的音韵来划分，分为阴平、阳平、上声、去声。阴平、阳平是平声，上声、去声是仄声。例如：

　　　　楼高但任云飞过　平平仄仄平平仄
　　　　水浅能将月送来　仄仄平平仄仄平

可见，上下联平仄和谐，读来铿锵悦耳。有时候，句中的平仄也有不妥帖的地方，应该按照"一、三、五不论，二、四、六分明"的做法，形成平仄的大体和谐即可。例如：

　　　　天增岁月人增寿　平平仄仄平平仄
　　　　春满乾坤福满门　平仄平平平仄平

此联第一、第五个字都不合平仄要求，但因为"一、三、五不论"，所以，仍然是平仄和谐的。再如：

　　　　书山有路勤为径　平平仄仄平平仄
　　　　学海无涯苦作舟　平仄平平仄仄平

此联的第一字不合平仄要求。

以上是以7字句的对联作为例子说明规则，该规则同样适合其他各类字数的对联。

4. 对联上下联中的句脚，是每句中的最后一个字，要求仄起平收　即上联最后一个字应该是仄声，下联最后一个字应该是平声。例如上面提到的几个示例，上联句脚"过""寿""径"字是仄声，下联句脚"来""门""舟"字是平声。又如蒲松龄撰写的自勉联：

　　　　有志者，事竟成，破釜沉舟，百二秦关终属楚（仄）
　　　　苦心人，天不负，卧薪尝胆，三千越甲可吞吴（平）

从以上例子可以看出，上下联语仄起平收是对联平仄相间的特定要求。

五、对联的横披

对联的横披也叫横批、横额。横披一般四个字，顺序从右往左写。贴在上下两联之间的正上方。横披可以是一副对联的点睛之笔，表达一副对联的主旨。横披也可以与对联意思互补，对联语的意思补充或深化。例如写一副春联，横披可以写"欢度新春""辞旧迎新""万象更新"等。横披一定要切合主题，不能游离联语主旨之外。

六、趣味对联的 9 种形式

1. 拆字联　拆字，也称析字、离合，是将汉字的字形各部分拆开，使之成为另外几个字（或形），并赋予各字（或形）以新的意义。

　　　　　此木是柴山山出
　　　　　因火成烟夕夕多

上联中"此木"合为"柴"，"山山"合为"出"，下联中"因火"合为"烟"，"夕夕"合为"多"。

　　　　　一明分日月
　　　　　五岳各丘山

上联中"日月"合为"明"；下联中"丘山"合为"岳"。

　　　　　夜冷，酒热，人未归，一点，两点，三点，四点。
　　　　　昼暑，春曙，天已长，一日，两日，三日，四日。

2. 谐音联　就是利用语音相谐一语双关，起到妙趣丛生的效果。

　　　　　莲（怜）子心中苦
　　　　　梨（离）儿腹内酸
　　　　　　　　　　　　——金圣叹刑前自叹

　　　　　因荷（何）而得藕（偶）
　　　　　有杏（幸）不须梅（媒）
　　　　　　　　　　　　——宰相李贤与程敏政翁婿巧对

3. 名物联　藏典故，藏名物制度。

　　　　　举杯邀月影双醉
　　　　　醉里挑灯剑朦胧

上联用了李白的诗，下联借了辛弃疾的词。

　　　　　眼前一簇园林，谁家庄子（人名）
　　　　　画中数行青山，哪里孔丘（人名）

　　　　　南屏晚钟双月醉　　（古词牌，亦歌名）
　　　　　翠湖春晓艳阳红　　（古曲）

4. 相同偏旁部首联 经过精心构思，利用偏旁、部首相同的汉字组成的对联，称为"偏旁部首联"，如"金木水火土"五行偏旁字对联：

烟锁池塘柳
炮镇海城楼

5. 数字联 即在对联中嵌入数字，使数量词在对联中有某种特殊的意义，用数量词组成的对联。

一孤舟，二客商，三四五六个水手，扯起七八幅风帆，下九江，还有十里；
十里运，九里香，八七六五号轮船，虽走四三年旧道，只两日，胜似一年。

6. 同字异音异义联

海水朝朝朝朝朝朝朝落　　（"朝"读：cháo；"朝"读：zhāo）
浮云长长长长长长长消　　（"长"读：zhǎng；"长"读：cháng）

7. 回文联 既可顺读，也可倒读。不仅意思不变，而且颇具趣味。

凤落梧桐梧落凤
珠联璧合璧联珠

8. 反推联

无锡锡山山无锡
黄河河套套黄河

9. 顶真联

某地主过生日，有个富人出了个上联：

寿比南山，山不老，老大人，人寿年丰，丰衣足食，食得珍肴美味，位列三台，台享荣华富贵，贵客早就该来，来之是理，理所当然。

有个农民对出了下联：

福如东海，海阔大，大老人，人面兽心，心田不好，好一个老杂种，终究必死，死无葬身之地，地穴未打莫来，来之后悔，悔之晚矣。

对　联 ｜ 相关链接

清代大学士纪晓岚中取进士那年，见京城当铺林立，随口吟出一句上联：

"东当铺，西当铺，东西当铺当东西"

但苦思不得下联。后来他执令赴通州当主考官，见通州有南北之分，苦思数月的上联便有了下联：

"南通州，北通州，南北通州通南北"

真是绝妙之极。

纪晓岚曾有一位脾气不好的医生朋友。某日纪晓岚因小恙前去求诊，这位医生朋友对他说，我出个上联，你若能对出下联，诊费、药费全免，纪晓岚心想：对联之事能难倒我？便点头应允。上联为：

"膏可吃，药可吃，膏药不可吃"

纪晓岚便借其脾气发挥，续了下联：

"脾好医，气好医，脾气不好医"

既触其缺点，又促其改正，一语双关，妙哉！

一知县早闻纪晓岚才华横溢，极善对句，想亲自试之。某日恰遇纪晓岚随驾巡视至此县，他便出了个刁钻的上联：

"鼠无大小皆称老"

纪晓岚思虑片刻，一时难以为对，环视四周，见有一鹦鹉，便从容对道：

"鹦有雌雄都叫哥"

该知县对纪晓岚的才华暗暗称奇。

☆对联轶事

◎ 郑板桥做知县时，一日，有一位老先生前来告状，言说他在一家财主家教书，原商定全年酬金八吊钱，但到了年底，财主却分文不付。郑板桥说："大概是你教得不好，误人子弟吧！我先考考你的才学。"遂指着大堂悬挂的灯笼出一联：

"四面灯，单面纸，辉辉煌煌照遍东南西北"

老先生听了，即对道：

"一年学，八吊钱，辛辛苦苦历尽春夏秋冬"

◎ 郑板桥当即判决财主付给老先生八吊钱。

据传，曾有一出生在南方的人，去北方当了县令，他带以戏谑他人为乐。一日，假邀一贫穷书生饮酒，向众人炫耀自己的政德。席间，见书生头戴草帽，身穿棉袍，甚是寒酸，便吟道：

"穿冬衣，戴夏帽，胡度（糊涂）春秋"

穷书生知在嘲笑自己，便即起而去，边走边向众人高声喊道：

"生南方，坐北方，浑长（混账）东西"

县令色变，羞愧不已。

◎ 清代两广总督张之洞，常以傲慢待人。一日，接到梁启超的书信，见书信结尾处写着："愚弟梁启超顿首拜"。张之洞甚为恼怒，即书一联，叫人送到门外去。那联书曰：

"披一品衣，报九仙骨，狂生无礼称愚弟"

梁启超看了，即回对道：

"行千里路，读万卷书，侠士有志傲王侯"

张之洞只得出门相见。

☆ 根据下面的对联猜谜语

清朝的乾隆皇帝喜欢写对联。一次，他写出一副对联，让众大臣猜谜语（谜底："猜谜"），从上下联中猜出两个字（即一个词）。只有纪晓岚猜了出来。这副对联是：

上联：黑不是　白不是　红黄更不是 ‖ 和鸡鸭猫狗仿佛　既非家畜　又非野兽
下联：诗也有　词也有　论语文也有 ‖ 对东西南北模糊　既是小品　也是妙文

（提示：每联猜一个字。联语中画"‖"的前后内容，各猜一个偏旁部首。）

乾隆五十大庆时，在乾清宫举行千叟宴。参加者有位141岁的老人，乾隆以其年龄为题出句云：

"花甲重逢，外加三七岁月"

纪晓岚对道：

"古稀双庆，又多一个春秋"。

附录 B 演讲稿

一、概念

演讲是口语技巧训练的高级阶段，是借助有声语言和态势语言等手段，面对广大听众发表见解主张，抒发思想感情，感染听众的带有艺术性的一种口语表达形式。演讲也称为演说。演讲稿是发表演讲前准备的文稿。

二、种类

根据演讲稿使用的情况可以分为以下三类：

1. 读稿　读稿要求演讲的内容阐述严谨，内容具有政策性、法令法规性。演讲者不仅仅代表个人，还代表某一届政府、某一个政党和集团。为慎重起见，为表述得庄重、严密，这种演讲必须照稿宣读。

2. 脱稿　这种演讲是在写好演讲稿之后，对稿件进行深入研究，对稿件内容进行充分准备后，不带稿件地登台演讲。这类演讲形式通常在演讲会、演讲比赛中使用。其特点是演讲的内容完整，演讲者能对稿文的字、词、句、段深刻体会，仔细琢磨，反复试讲，也能在试讲中调整语调、选好姿势和表情。

3. 即兴演讲　不使用书面提纲，只是通过"打腹稿"的方法登台演讲。这种演讲是即兴式的，按照自己的思路把演讲内容向前推进。即兴演讲不拘泥于文稿的固定布局及遣词用语等限制，可以更自由地表述临时产生的想法，更灵活地选用眼前刚发生的例证，更充分地表露感情，使演讲者与听众的情感更好地沟通。

三、特点

1. 口语性　演讲是演讲者以口语的形式与听者进行现场思想交流的活动，这就需要演讲者在演讲语言的口语化和通俗化上下功夫，做到在演讲时能够将抽象的、易造成歧义的句子及词汇变换为更加具体形象、更为流畅、更容易被听众听懂和接收的语言文字。

2. 艺术性．演讲是一种特定的口语表现形式，因此，它要求演讲者去除一般讲话中的杂乱、松散、平铺直叙的因素，以一种集中、凝练、富有创造色彩的面貌出现，这就是演讲的艺术性。

3. 鼓动性　鼓动性是演讲成功与否的一个标志。没有鼓动性，就不成为演讲，政治演讲也好，学术演讲也好，都必须具备强烈的鼓动性，让听众产生强烈的情感共鸣。

4. 真实性　演讲是演讲者面对听众来讲自己的主张、见解，讲自己亲身经历或亲眼看到的事情，抒发自己的情怀和感受。因此，演讲稿必须以真为基础，要讲真话，讲实事，不能哗众取宠。

四、格式与写法

演讲稿的格式不是十分固定的，从结构上看，演讲稿可分为标题、称谓、开头、主体、结尾五个部分。

1. **标题** 演讲稿的标题，既要能概括演讲的内容或主旨，又要有一定的吸引力。写作上要求明确、简洁、新鲜。常用的有以下几种写法：

（1）点明主旨　如《做新中国的建设者》，标题概括演讲稿的中心主旨。

（2）概括内容　如《金沙江的纤夫》，提示演讲的基本内容。

（3）提出问题　用提问的方式作为标题，可引发人们的思考，如《什么是成功》。

2. **称谓** 演讲稿的称谓既是礼貌用语，又起到转换层次、加重语气、强调内容、提请注意等作用。随着演讲对象的不同，要选择恰当得体的称谓。如正式外交场合的演讲，称谓用"女士们、先生们"；较庄重的政治会议或集会的演讲，称谓用"同志们、朋友们"；面向基层群众的演讲，称谓用"兄弟姐妹们"或"父老乡亲们"等。有时演讲稿也可略去称谓，直接切入演讲内容。称谓也可以依据演讲稿内容的需要多次出现。

3. **开头** 即演讲稿的导入部分。"良好的开端是成功的一半"，同样也表明写好演讲稿开头的重要性；而"万事开头难"，恰恰也印证了写好演讲稿的第一句话是最难的。因此，写好演讲稿的开头至关重要。为了第一时间抓住听众的心理，演讲稿要求开宗明义，开篇即提出演讲的中心。这样，听众就会依据这一线索，集中注意力去聆听演讲的内容，才能够更有针对性地消化和吸收。

4. **主体** 即演讲稿主要展开的部分。它针对演讲主题的具体情况加以展开。在这一部分，应该从多方面去阐明或证明演讲的主题。如果是叙述式的演讲，就应当把人物的事迹或事件的详细过程叙述清楚；如果是议论式的演讲，就应当对论点进行充分的论证；如果是说明式的演讲，则主要进行详细的解说。

演讲稿主体部分的写法应注意两点：一是主题必须集中。一篇演讲稿只能有一个主题，主体部分必须围绕这一主题来铺陈展开；二是结构要有一定的灵活性。演讲稿要切合演讲口头表达的需要，结构应张弛有度，起伏交错，从而带给听众灵动、鲜活的感觉。

5. **结尾** 演讲稿前面内容写得再精彩，如果狗尾续貂，有个糟糕的结尾，就等于只开花不结果，功亏一篑，而这篇演讲稿即为失败之作。因此，必须给演讲稿安排一个绝妙的结尾。演讲稿的结尾可以表达激情，富有感召力；可以含蓄深刻，富有启发性；可以阐发评论，富有哲理性。总之，结尾不论采用何种方法，都要让人兴奋、沉思或回味。

五、克服演讲怯场心理的技巧

怯场是指演讲者临场因紧张害怕而神态举止不自然，不能正常发挥演讲水平的心理状态。要克服这些怯场情绪，需要做到以下几点：

1. **明确演讲的目的**　演讲是为了发表自己的意见、抒发自己的感情，而绝不是为了炫耀自己，出人头地。方向明确了，目的端正了，就必然会带着健康的成功愿望去发表演讲，表现出良好的精神状态。

2. **增强自信心**　"天生我材必有用"，演讲者应当自我激励，充满自信，应该勇敢地登上讲坛呼吁、呐喊，而不能顾虑重重，前怕狼后怕虎。

3. **做好演讲前的各种准备**。不少人怯场是由于缺乏准备而造成的，因此，要想克服怯场情绪，就必须做好演讲前的各种准备工作。只要"胸有成竹"，演讲必能成功。

4. **取人之长，补己之短**　对那些在演讲场合能够做到泰然自若、受到欢迎的演讲者，要仔细地观察和分析他们的举止和风度，学习他们的长处，弥补自己的不足。

六、演讲退场的技巧

1. 走下讲台要稳重大方　演讲结束，向听众致敬后，演讲者可以走向原位，举止、神态、表情要亲切自然，仪态稳重大方。此时演讲虽已结束，但演讲者的形象仍然在听众的视力范围之内，而且，刚刚进行完的演讲，会使听众对演讲人更加注意，与演讲前的注意有很大不同。如果演讲者已经通过演讲在听众心中树立了良好的形象，演讲人走下讲台，回原位落座，就更要注意自己的一举一动，不要有损自己在听众心目中的美好形象。

2. 克服不良习惯　演讲者应该克服毛躁的习惯，如演讲一结束，就如释重负，匆匆跑下讲台。这样会使听众觉得演讲人不够沉稳，缺乏临场经验。也要克服羞怯不安的心理，端正自己的姿态。坐回原位，不要显得洋洋自得，流露出傲慢的神态。如果认为这次演讲不成功，也不要在情绪上表现出来，而要和演讲前一样，显示出胜不骄败不馁的大将风度。

3. 礼貌致敬整场演讲完毕，大会主持人和听众以掌声向坐在席前的所有演讲选手表示感谢时，演讲者应该立即站起来，向主持人和听众致敬，并有节奏地鼓掌回敬全场的谢意。

4. 离开会场　大会主持人陪同演讲者离开会场，在场的听众往往出于礼貌，以掌声相送。演讲者应该谦虚谨慎，回转身用微笑向听众点头或招手，以示再见，直到走出会场为止。

演讲稿｜相关链接

人格是最高的学位
白岩松

很多年前，有一位学大提琴的年轻人去向20世纪最伟大的大提琴家卡萨尔斯讨教：我怎样才能成为一名优秀的大提琴家？卡萨尔斯面对雄心勃勃的年轻人，意味深长地回答：先成为优秀而大写的人，然后成为一名优秀而大写的音乐人，再然后就会成为一名优秀的大提琴家。

听到这个故事的时候，我还年少，对老人回答中所透露出的含义理解不多。然而，在以后的工作生涯中，随着采访接触的人越来越多，这个回答在我脑海中便越印越深。

在采访北大教授季羡林的时候，我听到一个关于他的真实故事，有一年秋天，北大新学期开学，一个外地来的学子背着大包小包走进了校园，实在太累了，就把包放在路边。这时正好一位老人走来，年轻学子就拜托老人替自己看一下包，自己则轻装便服去办理入学手续，老人爽快地答应了，近一个小时过去，学子归来，老人还在尽职尽责地看守着，学子谢过老人，两人分别，几日后北大举行开学典礼，这位年轻的学子惊讶地发现，主席台上就座的北大副校长季羡林，正是那一天替自己看行李的老人。

我不知道这位学子当时是一种怎样的心情，但我听完这个故事之后却强烈地感觉到：人格才是最高的学位。后来，我又在医院采访了世纪老人冰心。我问她：您现在最关心的是什么？老人的回答简单而感人：是老年病人的状况。

当时的冰心已接近自己人生的终点，而这位在五四运动中走上文学之路的老人，对芸芸众生的关爱之情历经岁月而仍然未老。这又该是怎样的一种传统!

冰心的身躯并不强壮,即使年轻时也少有飒爽英姿的模样,然而她一生却用自己当笔,拿岁月当稿纸,写下了一篇关于爱是一种力量的文章,在离去之后给我留下了一个伟大的背影。

当你有机会和经过五四运动或受过五四运动影响的老人接触后,你就知道,历史和传统其实一直离我们很近,这些世纪老人身上所独具的人格魅力是不是也该作为一种传统被我们延续下去呢?

不久前,我在北大听到一个新故事,清新而感人。一批刚刚走进校园的年轻人,相约去看季羡林先生,走到门口,却开始犹豫,他们怕冒失地打扰了先生。最后决定,每人用竹棍在季老家门口的土地上留下问候的话语,然后才满意地离去。

这该是怎样美丽的一幅画面!在季老家不远,是北大的博雅塔在未名湖中留下的投影,而在季老家门口的问候语中,是不是也有先生的人格魅力在学子心中留下的投影呢?

听多了这样的故事,便常常觉得自己像只气球,仿佛飞得很高,仔细一看却是被浮云托着;外表看上去也还饱满,但肚子里却是空空的,这样想着就有些担心:怎么能走更长的路呢?

于是,"渴望老年"四个字对于我就不再是幻想中的白发苍苍或身份证上改成 60 岁,而是如何在自己还年轻的时候,便能吸取优秀老人身上所具有的种种优秀品质。

于是,我也更加知道了卡萨尔斯回答中所具有的深意,怎样才能成为一个优秀的主持人呢?心中有个声音在回答:先成为一个优秀的人,然后成为一个优秀的新闻人,再然后就会成为一名优秀的节目主持人。

(本文荣获"演讲与口才杯全国新闻界做人与作文演讲比赛"特等奖)

从口吃患者到伟大的首相——丘吉尔

一个从小口吃的孩子,后来竟然成为世界上优秀的演说家、伟大的首相,他就是丘吉尔。

丘吉尔于 1874 年 11 月 30 日出生在英国牛津郡伍德斯托克一个享有名望的贵族世家。但是,小丘吉尔似乎一点都没有继承家族的高贵血统,他呆头呆脑,上课时总是不知在想什么。更糟糕的是,小丘吉尔还有口吃的毛病。在班上,他的成绩永远是最差的,可是,他从来都不在乎。这让老师很讨厌他。

一天,老师发现在教室角落里的小丘吉尔又不知道在想什么。于是,老师很生气地问:"丘吉尔,你在干什么?"可是小丘吉尔似乎沉浸在自己的世界里,根本没有听到老师在叫他。老师更生气了,他走到小丘吉尔的面前,气愤地拍着桌子说:"如果你还不回答我的问题,我就把你赶出去。"小丘吉尔惊慌地站了起来,但还是什么都没有说。

老师发怒了,大喊着:"你把你父亲的脸都丢光了,将来只能做个可怜的寄生虫。""不我我我要做做个演讲讲家。"小丘吉尔的话还没有说到一半,同学们就"哈哈哈"地大笑起来。放学的路上,一群同学追了上来,他们围住小丘吉尔,嘲弄地对他喊:"讲话都讲不全,还想当演讲家?""做梦去吧!"小丘吉尔想辩解几句,但就是说不出来,他开始着急,结果越是着急越说不出来,他涨红了脸。

回到家里,父亲看到儿子脸上的表情,很是惊讶:他的小脸绷得紧紧的,和他说话也不理。父亲急忙跟在后面问,最后被问得急了,小丘吉尔终于开口了:"我我我要当当演讲家。"儿子甩下这句话就回自己的房间了,任凭谁去敲门都不开。在自己的房间里,小丘吉尔对着墙上的那面大镜子,开始练习说话。他把每个单词的音节一个一个地分开来读,然后连起来读出整个单词,最后再一个音一个音地纠正。

从那天开始,他像换了个人似的。他不再害怕同学们的嘲笑,在课堂上主动要求朗读课文,尽管还是会口吃,读得也不连贯,但是,小丘吉尔一直在努力,回到家里,他就对着镜子大声地一遍一遍地说话,直到最后,他能够很连贯地说一个句子,甚至一大段话。之后,他还背诵了大量著名的演讲稿。功夫不负有心人,小丘吉尔终于取得了极大的进步,在同学和老师的面前展露了他幽默风趣的口才。

1940—1945年和1951—1955年期间,丘吉尔两度出任英国首相,他被认为是20世纪最重要的政治领袖之一。1940年6月4日,丘吉尔在下院通报了敦刻尔克撤退成功的消息,但同时提醒"战争不是靠撤退打赢的。"随后,丘吉尔发表了他在二战中最鼓舞人心的一段演说:"我们将战斗到底"。他富有激情的演讲鼓舞了千千万万的人,成为英国军民的精神支柱,最终,丘吉尔领导英国人民赢得了第二次世界大战。

亲爱的同学们,请相信自己,永远不要放弃自己!相信自己一定可以创造奇迹!

参 考 文 献

[1] 林宗源. 应用文写作［M］. 北京：中国轻工业出版社，2008.
[2] 张文英. 新编应用文写作教程［M］. 天津：南开大学出版社，2017.
[3] 黄永红. 应用写作［M］. 合肥：中国科学技术大学出版社，2007.
[4] 孙连杰. 新编高职应用文写作［M］. 武汉：武汉理工大学出版社，2010.
[5] 姜媛. 新编高职应用文写作［M］. 天津：天津大学出版社，2011.
[6] 王启敏，邱燕，姜宽德. 新编大学语文［M］. 天津：南开大学出版社，2012.
[7] 祁丽岩，闻瑞东. 实用日常写作［M］. 广州：中山大学出版社，2007.
[8] 张海轮，张洪安. 应用文写作［M］. 天津：天津大学出版社，2011.
[9] 千惠. 实用应用文写作指导与范例全书［M］. 北京：中国戏剧出版社，2004.